中國音意與系統思維

玖 jiǔ／粵音 ᶜkɐu 本義 似玉的美石：貽我佩玖 假借 數目字九的大寫

什 shí／粵音 sɐp$_{=}$ 本義 由十個單位合成的一組：古代兵制十人為什 引申 篇什：詩經雅頌十篇為一什；後用以泛指詩篇文卷 引申 多種而雜樣的：家什 別義 通數目字十；多指十成或十倍

商務玖什叢書

中國智慧與系統思維

劉長林著

商務印書館

中國智慧與系統思維

作　者——劉長林

責任編輯——何渭枝

出版者——商務印書館（香港）有限公司

香港鰂魚涌芬尼街2號D僑英大廈

印刷者——美雅印刷製本有限公司

九龍官塘榮業街6號海濱工業大廈4樓B1

版　次——1991年5月第1版第1次印刷

ISBN 962 07 5123 X

總序

我們都自覺或不自覺地與傳統糾纏着。在這個糾纏的過程中，有人要與傳統徹底決裂；有人要默默繼承；有人要批判地重建；也有人要"解構"（deconstruct）傳統，開闢未來。當中的爭論此起彼落，莫衷一是，但回顧百多年來我們對這問題的主流傾向，恐怕和"中學爲體、西學爲用"這個折衷方案仍然相去不遠。

或許，文明的演進，就是以這種"進三步、退兩步"的舞姿，在躊躇兜轉。在這條迂迴的路徑上，我們要踏得實在，但這並非意味我們可以原地踏步。我們更不應睥睨"更新"的觀念；因爲新的理論觀念，正是進一步實踐的基石。

尤其不可忽略的是，在與"傳統"糾纏的過程中，我們總要不斷地對"傳統"作出新的詮釋及理解，以能更準確地掌握我們身處的位置。在主流的論述中，往往只以過去曾存在的文化作爲"傳統"。這不是一套完整的觀念，因爲我們不能單看傳統裏“有”的文化，而忽略了傳統裏“無”的文化。若我們是認眞及負責任地思考傳統，我們就不能只看“昨天所有”，而不注意“昨天所無”了。

從這個角度看，商務印書館的《玖什叢書》，就是建基於檢討“昨天所有”，同時又寄望於“昨天所無”之上。回頭看一看歷史，商務印書館也與“傳統”糾纏了很多年。本館於1897年成立時，中國正處於風雨飄搖、存亡絕續的時代。在這個形勢危急的關鍵時刻，一羣知識分子努力求取新知，主張變革圖存，於是以3,750元的資金，成立了中國近代歷史最悠久的出版印刷機構。他們的出發點，就是反省傳統文化，引介學術新觀點，及反映社會思潮新動向。我們出版《玖什叢書》的目的，就是紀念這九十年的歷史，並具體表示我們是實質地接上這根文化理想的棒子。

對於文化的熱情，昨天固然有，今天仍將繼續。

但昨天潛藏的問題，今天也逐漸湧現，而且直壓現代人的心靈。昨天的世界，還未被“灰色”所籠罩；昨天的文化，還未出現“後現代的困局”；昨天的政權，還沒有“合法性的危機”（legitimation crisis）；昨天的經濟系統，還沒有面對過全盤崩潰的威脅。這些未必是全“新”的問題，或許只是老問題的新版本，但時移世易，“問題”所處的環境改變了，它就有了另一重意義。面對“新”問題，我們不單要反省及挑戰已有的方法及觀念，還要探索“昨天所無”的，並勇於做一個“進步分子”。

在這層意義上，《玖什叢書》雖然未必能夠緊緊跟上，但也一直嘗試朝着這個方向進發。第一系列的《玖什叢書》共十二本，都是希望深入淺出，簡明扼要地帶出哲學、社會科學及文化的新觀點，以切合當代的需要。

這系列叢書出版以來，深受讀者歡迎，這也是我們出版第二系列的動力。新一系列的《玖什叢書》仍希望以海內外富於創見的著作爲主，而內容上亦希望能更多元化地開拓“未來所有”的思潮。

且讓我們以踏實的腳步邁進九十年代，讓我們在兜轉而前進的旅程中，反省“昨天所有”，探索“昨天所無”，一同玩味“玖”“什”。

商務印書館
編輯部

前言

系統思維，或曰整體觀，乃是中國傳統思維方式的主幹。

形成這樣一個觀念，對於我説來，是從七十年代研究中醫理論哲學開始的。當時我研究中醫學抱有一個目標，就是想從哲學方法論的角度，尋找中醫學現代化的途徑，尋找中醫學與現代科學方法的結合點。同時也想拓展中國哲學史研究的新領域。在摸索過程中我感到，中醫學的理論方法與現代系統論在原則上頗多相近之處。當然，像陰陽、五行、八卦、太極這樣一些概念，它們許多圓融一體的深邃内涵，現代系統論決囊括不了。反過來，現代系統論所擁有的一系列科學觀念和技術手段亦是中國古代方法論未能企及的。但是，在整體、結構、反饋、調節、平衡、信息等諸多方面，它們確有共通之處。

我一直以爲，中醫學在中國傳統文化園地裏，決非偶然的孤獨的一枝，而應當是中國文化這個活的生命體上生長出來的一個有機組成。在它身上所顯示出來的深層思維方式和哲學方法論特點，一定也會在別的文化門類表現出來。從這樣的一個想法出發，我重新溫習了中國古代哲學，並對中國美學、兵法、農學、政治學做了些微瞭解，儘管十分膚淺，但我愈來愈相信，整個中國傳統文化貫穿着統一的，與中醫學相一致的系統思維。寫這本書，正是想說明這一點。

本書原稿約五十萬字，爲了節省讀者的寶貴時間，經由胡奐湘女士將原稿縮編，改寫成現在這個樣子。在本書縮改過程中，香港商務印書館的劉秀英女士與何潤枝先生給了許多十分有益的指點和幫助，在這裏特表謝忱。

目　錄

1

中國智慧的土壤

——《周易》系統觀

《周易》包括兩部分，一部分是《周易古經》，分上下篇；一部分是《周易大傳》，包括《彖傳》上下、《象傳》上下、《文言》、《系辭》上下、《説卦》、《序卦》、《雜卦》，計十篇，又名十翼。《周易古經》簡稱《易經》，自戰國時代起，就被儒家奉爲經典，兩千多年來對中國文化的演進產生了重大影響。今本《易經》約成書於西周末年。《周易大傳》簡稱《易傳》，應爲戰國後期之作，是大體按儒家精神對《易經》的解釋和發揮。

一、《周易》循環之道

1. 圜道觀之表現

圜道即循環之道。圜道觀認爲宇宙和萬物永恒地循着周而復始的環周運動，一切自然現象和社會人事的發生、發展、消亡，都在環周運動中進行。圜道觀是中國傳統文化中最根本的觀念之一。圜道觀的展開論述始見於《呂氏春秋·圜道篇》，但圜道意識可以溯源遠古。反映夏代科學水平和社會生活的《夏小正》，記述了物候、天象和農事活動的許多周期變化，已經包含着圜道思想。在現有的典籍中，《易經》首次以明確的文字形式並結合卦象將這種觀念自覺地表述出來。

《易經》之圜道觀，首先見於書名。《周易》書名之義，解釋有不同。據史書，夏有《連山》，殷有《歸藏》，周有《周易》。《連山》《歸藏》之書名都是對其首卦義蘊之闡釋，由此可以推認，"周易"之名亦應是對其首卦的義解。

根據先秦兩漢典籍對"周"字的使用，"周"在當時具有"幣"、"旋"、"環"、"繞"、"復"等義。《易傳·系辭下》所謂"變動不居，周流六虛，上下無常，剛柔相易"，也是説陰爻和陽爻在六個爻位上環轉流行，終而復始，運動不止。

"易"解很多。"周易"之"易"，據《易傳·系辭》："易者，象也。""在天成象，在地成形。""懸象着明莫大乎日月。"可見"易"作爲"象"，其最大最明者，爲日月的運行。

《周易》以乾卦爲首，而《乾》爲天。"天易謂之乾。乾，健也。健行不息也。”（東漢劉熙《釋名·釋天》）依據上面的分析，《周易》書名意謂日月旋轉，繞行周天。《易傳·系辭下》説：“日往則月來，月往則日來，日月相推而明生焉。寒往則暑來，暑往則寒來，寒暑相推而歲成焉。往者屈也，來則信也，屈信相感而利生焉。”這段話可看作是對《周易》書名義蘊的發揮，表明萬物生生不已正是在日月、寒暑、屈伸，即陰陽的往復循環中才得以實現。因此，循環即圜道，乃是《周易》作者心目中最重要的規律之一。

在自然界和人類生活中，許多事物表現爲周而復始的循環，四時、晝夜、生死等等。《易經》作者對此已有深刻的多方面的觀察和瞭解。最著名的一段表述循環論思想的話見於泰卦九三爻辭：“無平不陂，無往不復。”這句話顯然不光是指地形和行旅，而是肯定萬事萬物都處於平陂往復的循環之中。

《易經》認爲，世界永遠在運動着，變化着，六十四卦的設立，是對宇宙萬物運動變化的模擬。而循環觀念體現在《易經》所有六十四卦之中。主要表現如下：

（1）表示事物對立屬性的陽（—）陰（--）二爻，是相互循環轉化的。

這一思想首先表現在六十四卦之陽爻標以九，陰爻標以六。依照筮法，對“大衍之數”行筮之後則得七、八、九、六。七、九爲陽，八、六爲陰。七爲少陽，九爲老陽；八爲少陰，六爲老陰。七、八不變，六、九變，因六、九爲老，老則極，極則反。《易經》以九示陽，以六示陰，正是要表明，六十四卦之陰陽諸爻，皆可轉化成自己的對立方面。

（2）《易經》卦序所顯示的對耦關係説明，六十四卦之每一卦都進行着獨自的循環運動。

《易經》六十四卦的排列順序是有一定規則的。唐孔穎達指出：“今驗六十四卦二二相耦，非覆即變。覆者，表裏視之，遂成兩卦……變者，反覆唯成一卦，則變以對之。”（《周易序卦正義》）所謂“表裏視之，遂成兩卦”，就是將某一卦象從正面看後，視卦人再轉到與原來相對的位置上去看，則別成一卦。《易經》將這樣的兩卦並列而使其相鄰，排入六十四卦。如屯卦（䷂）與蒙卦（䷃），需卦（䷄）和訟卦（䷅），師卦（䷆）和比卦（䷇）等等，就屬這樣的關係。孔穎達此言雖然解釋得通，但不符合《易經》原義。説“覆”是對的，但不是看卦人掉轉視角，而是卦象以自身正中爲圓心，旋轉一百八十度後，則生成另一卦。《易經》將這樣的兩卦分前後排在一起，共計五十六卦。依照這兩種說法，雖然得出相同的結果，但意義不同。前者只是揭示了相耦二卦外在的形式聯繫，後者則强調卦自身做循環運動，相鄰二卦的對耦關係，乃是卦的循環運動的表現。

關於卦自己做循環運動，可由泰、否二卦卦辭證明。泰卦（䷊）和否卦（䷋）互爲覆者，成爲一對。除此以外乾（䷀）和坤（䷁），坎（䷜）和離（䷝），頤（䷚）和大過（䷛）、中孚（䷼）和小過（䷽），以自身中點爲軸心旋轉一百八十度後仍爲自身，不能產生新卦，但它們依然兩兩成對而排在一起。成對之卦所含六爻一一對應，而陰陽屬性剛好相反，因此，它們具有同位爻性循環轉換的關係，即孔氏所謂“變以對之”。

（3）六十四卦處於整體大循環之中。

既然每卦之任一爻，都可以由陽變陰或由陰變陽，五十六卦又各自做循環運動，而轉換成自己的對耦卦，所以六十四卦之間，是相互溝通的，每一卦都可以過渡到其他任何一卦。在爻卦無窮的變易運動之中，就必然地形成了六十四卦的整體循環。對此，《易經》雖然沒有用文字點明，但從六十四卦的排列可以斷定，它包含着這樣的思想。

在《易經》作者看來，天地、日月、四時、晝夜、陰晴……無不在按部就班地作各自的循環運動，一切生物和人事唯有在這循環運動中得以生化發展，走完自己的歷程。世間所有變遷，都是循環式的運動。“無平不陂，無往不復”，這是《易經》作者對世界運動的最高概括，是中國民族出自內心深處的體驗，是中國第一部哲理性著作向人們展示的第一法則。對此，《易傳》給予了積極的肯定。《象傳》曰：“‘無往不復’，天地際也。”確認往復循環是天地萬物遵循的客觀規律。

《易經》認爲，一切矛盾都應在循環的流通過程中解決，如果事物的循環動轉暢然無阻，順利完成，那麼就會產生於人於物有利的結果。復卦比較集中地表述了這一思想。復卦卦象爲 ䷗，與剝卦爲對耦，剝卦卦象爲 ䷖。這兩卦相鄰，剝卦在前，復卦在後，一名“剝”，一名“復”，表明陽氣被陰氣一層層剝落，以至陰極反陽。陽氣重又在初爻復蘇。復卦卦辭曰：“復，亨。出入無疾。朋來无咎。……利有攸往。”這就清楚地告訴人們，能順利完成往復循環，則一切吉利。出入、交往、辦事，都會成功。因爲循環之路，法則之軌。遵從法則，就爲成功創造了條件。

圜道觀自《易經》頗爲系統地表述出來以後，便廣泛地散播開來。從哲學玄想到藝術創作，從科學研究到宗教信仰，從時空意識到歷史學說、人生價值，從宇宙理論到農業、手工業技術……幾乎凡是有中國傳統文化的地方，都可以發現循環觀念的踪迹和影響。

2．圜道觀之影響和評價

多年來，國內學術史家一觸及到中國古代循環論思想的表現，往往認爲它只是“形而上學”，似乎一無是處，完全是人類思維的消極產物，而且是中國文化中的一個孤立現象，一種偶然的觀點，一個無傷大雅的局部。其實這樣看是很不全面很欠妥當的。循環既然被視作客觀法則，而且是“天地之心”，那麼古代學者自然而然要把它置於最重要的位置。事實上圜道很早就成爲中國古人的牢固的思維習慣，作爲一種內在的因素，滲透到精神文明的各個方面，而與整個中國文化熔鑄在一起。中國文化的諸多品性，或則是循環觀念的派生物，或者與其有密切關聯。在這個意義上完全有理由説，沒有圜道觀，也就沒有今天我們所看到的如此模樣的中國傳統文化。充分表現了中國思維特色的，諸如陰陽、五行、八卦、六爻等影響深遠的學説，就深深體現着圜道觀念。應當説，中國傳統思維的優點與缺點，幾乎都與圜道觀有一定關聯。

在中國，由於圜道觀念的影響，首先使古代的科學家對於世界上許多周期性的變化，做了細密的觀察和探索，例如天體（日、月、五星等）運行，季候更迭，氣象變遷，生物的生、長、壯、衰、殺，自然界水、氣、雲、雨、河、江、海的物質循環，以及一切對立事物的循環轉化。因此，中國古代科學對於許多做周期性變化的自然現象，有獨到研究，如中國古代農業理論相當發達，漢代《氾勝之書》，後魏賈思勰的《齊民要術》和明代徐光啓的《農政全書》，在世界文化史上都有突出的地位。中國農學在世界上最早地發現和利用了輪作制以及農業生態系統的物質能量循環。最著名的是中醫學關於經絡和氣血循環的偉大發現，其重要價值已爲現代世界醫學和生物學所公認。十四條正經按其走向銜接起來，恰好是一個貫通五臟六腑四肢九竅首尾相接的圓圈。

其次，圜道觀對形成和加強整體思想，以及偏重綜合的認識，起了推動作用。

既然萬物運動都是循環，那麼勢必以一定的循環圈作爲自己運動的界限，因此在古人眼中，任何事物都是一個與其他事物有明顯分界的整體。爲了全面深入地認識事物，對循環圈的各個部分進行解剖和分析無疑是必要的，但是只有將認識對象的各個部分綜合起來，才能構成一個循環整體，也只有通過對循環整體的瞭解，才能揭示該事物的本質特性。因此，把一切事物的運動看作循環這種觀念本身，就涵蘊着整體思想，就決定了非要把整體綜合的方法提到首位不可。

第三，圜道是一種特殊的結構。廣義地說穩定的關係就形成結構。而每一種循環圈，其各個組成部分之間必定保持某種相對穩定關係，否則循環圈即不能建立。因此，堅持圜道觀，勢必導致以動態結構的觀點看待天地萬物。以木火土金水生克乘侮爲主要内容的五行學説，和以三陰三陽開闔樞爲間架構成的六氣理論，就是以圜道觀爲思想基礎的兩種動態結構模型。

中國古代學者普遍承認，宇宙在空間和時間上具有無限性，品物的種類無窮多樣，一切事物處於永恒的無窮變化之中。然而他們主要是通過圜道形式即循環結構，來建立關於無限和永恒的觀念。孫武子的一段話很有代表性："故善出奇者，無窮如天地，不竭如江河。終而復始，日月是也。死而復生，四時是也。聲不過五，五聲之變，不可勝聽也。色不過五，五色不變，不可勝觀也。味不過五，五味不變，不可勝嘗也。戰勢不過奇正，奇正之變，不可勝窮也。奇正相生，如環無端，孰能窮之？"（《孫子·勢篇》）古代學者認爲，構成事物的要素是有限的，但由於它們組成不同的結構，因而形成五顏六色的事物，而所有這些結構又都是首尾相接的圓圈，這就決定了它們能夠發生無窮變化。

結構流轉和形式變化的無窮，決定了事物種類的無窮。一切新事物都是在這種循環結構的變動中所產生。這種思維具有極大的靈活性和能動性，給人以智慧的啓迪，激發人們在有限的舞台上，導演出威武雄壯的感人戲劇，深刻地體會到有限之中寓含着無限，無限必定是一個永恒運動的圓環。這些思想是極寶貴的，但同時也帶有嚴重缺點。它所理解的循環結構，歸根到底沒有超出有限性羈絆。它所理解的世界的無窮多樣性不過是一架高級的萬花筒。因此，中國傳統思維帶有很大的惰性和保守性，一方面承認新事物層出不窮；另一方面又堅守"萬變不離其宗"。總之，圜道妨礙人們建立起真正全面的發展觀。

第四，圜道觀爲中國古代學者在世界上率先提出信息反饋和整體調節的樸素理論，提供了思想前提。

由於做循環運動的事物，最後會重新回到原來的出發點，所以決定事物運動的原因，一步一步推究下去，終將與最初的結果相重合。在循環運動中，原因會變成結果，結果會變成原因，最終是互爲因果，這樣的邏輯關係恰恰是產生反饋調節的前提條件。路·馮·貝塔朗菲（L.Bertalanffy）說："反饋系統中的因果鏈……只是加了一個反饋環路，因而變成循環的因果關係。"❶可見，反饋以循環的因果鏈和結構爲基礎。没有循環往復，就不會出現反饋和調節。因此堅持圜道，促進了對系統内部反饋調節的認識。中國古代的反饋和調節理論，主要表現在社會管理學和醫學之中。

第五，循環圈是動態平衡的一種表現形式，所以圜道觀念促使人們偏重從功能動態的觀點看世界，而且强調平衡對事物正常生化的重要意義。正是基於此，在中國古代的矛盾學説中，强調和諧和平衡的思想，始終居於主導地位。道家、儒家、陰陽家皆如是。道家主張"有餘者損之，不足者補之。"（《老子》第七十七章）儒家倡導無過無不及的"中庸"。陰陽家推崇"陰平陽秘"（《素問·生氣通天》）。古代的思想家們積極尋求使矛盾達到平衡和統一的條件與方法，在這方面做出了卓越貢獻。而動態平衡是任何系統得以存在和維持的必要條件。

第六，由於認爲任何事物的運動都是一個具有動態平衡特徵和自我調節能力的循環圈，這就很容易使人們發現並着意考究事物之間的相似性，而不是差異性。另一方面，由於把每一事物都看作一個具有相對獨立性和穩定性的循環性整體，因而當認識向外擴展時，人們很自然地會走借助於一個整體去認識另一個整體的途徑，而不習慣於打通這些獨立整體之間的壁障，尋找一個個圓圈之間的內在聯繫。這樣，就更爲加强了尋找事物相似點的要求和趨向。因爲只有找到更多的相似點，才能進行更多更深入的類比推理。故此，類比方法和素樸的模型理論得到特別重視和普遍使用，求同觀念成爲中國的傳統思維。這一特點不僅表現在哲學和科學研究上，而且深深地烙印在文學藝術的創作上。中國古典詩歌普遍採用的比、興之法，正是以世界普遍相似作爲自己的前提。

第七，由於圓圈構成一個具有分明界限的獨立整體，所以中國古代哲人較早注意到事物變化的內因與外因的分別。又由於具有循環結構的整體，各局部之間互爲因果，整體能夠自本自根，自我滿足，不待外求，這就促使人們逐漸地愈來愈多地從事物內部尋找變化的原因，愈來愈强調內因對事物的重要作用。例如《內經》在分析人的疾病成因時，說："風雨寒熱，不得虛（人體之虛弱處——引者），邪不能獨傷人。”（《靈樞・百病始生》）着意提醒人們要注意內因。

佛教在其中國化的過程中，也越來越誇大內因的作用。禪宗六祖惠能説：“菩提只向心覓，何勞向外求玄？”“一切般若智，皆從自性而生，不從外入。”（《壇經》）毛澤東提出“內因第一，外因第二；內因是根據，外因是條件”的觀點，與中國傳統內因論的發展趨向是相銜接的。他也把內因的作用無條件地誇大了。一般説來，系統的水平越高，在不改變系統的基本性質的前提下，內因對系統變化發展所起的作用有逐漸加大的趨勢。但無論是何種等級的系統，必須從外部輸入物質、能量和信息，才有可能使自身的組織水平增高。中國傳統哲學過分强調內因，是誇大了系統的相對獨立性。

“不在於外，而在於內”的指導思想，在長期的發展過程中，促使中國民族宗教觀念薄弱，不可能建立起像西方那樣强大的外在的神的枷鎖。但是，儒道釋三家極爲重視內心世界的修養，無論養心還是攝生，都要向內用功，强調內省、內視，而對外間世界的認識和追索，則被置於次要地位，從而形成了認識上的偏向。由於將精力集中向內，經過幾千年的努力，中國民族積累了大量極爲可貴的修身和攝生的知識。

第八，基於以上幾點，中國古代學者總是把各種事物看成是能夠自我調節保持自身穩定的，有相對獨立性的系統。由此可見，圜道觀引來了系統觀。圜道觀本身就潛含着發展成系統觀的可能性。

與此相應，中國古代學者爲各門學科所創立的理論和方法，也都具有明顯的自我完善和自我調節的能力。因而我們民族逐漸形成了一種自我滿足，不待外求的獨立精神。在這種精神的支配下，中國文化發展成爲一種能夠抵抗各種干擾，保持自身穩定的文化系統，這種文化的風格是自立、自强、自建，正是因此，它同時也帶有難於接受和融滙其他不同類型文化，難於綻開和突破自我形成的認識圈的弱點。把事物變化的根源歸結爲直觀可察的或想像中的“相互作用”，這當中固然有深刻的辯證思考，但因爲有了陰陽二氣的“相互作用”，似乎一切問題都迎刃而解了，對於一切事物的認識好像已達終極。所以氣的相互作用這個沒有縫隙的圓圈，同時也起着阻擋人們視線的消極作用。它給人以直觀想像的滿足，給人以邏輯思維的滿足，嚴重地妨礙了人們去發掘認識的新路，去向宇宙的縱深方向開拓，去從事嚴格的具有重大意義的實驗研究。

圜道觀念，對中國文化的影響遠不止於此，這裏只是舉出了比較明顯的幾點。若論其他，甚至於連中國人在性格上的內向性、涵蓄性以及豁達變通等，在一定程度上也可用圜道來表現，用圜道來解釋。中國傳統文化以圜道爲其特徵，還因爲正是圜道觀念與西方傳統思維方式形成最鮮明的對照。

西方傳統精神是用分析方法，向物質實體的縱深方向，對事物的最後根據和原因，做窮根問底的追尋，所以歐洲學者認識的足迹像是一條向兩個無窮遠點伸展開去的直線。這樣的認識走向，使西方學者偏重考究事物變化的外因，而朝着與始初對象越來越遠的方向走去，不斷追求宇宙無限小和無限大的最終答案。直至十八世紀以前，他們總是喜歡將認識對象解剖爲許多碎片，喜歡孤立、靜止地考察問題，喜歡將對象的不同層次，不同方面作單獨的考察和處理，因此，在進行概括時，偏重歸納方法，以感性材料爲基礎，一級一級地做出越來越高的抽象。在對矛盾諸方面關係上，也多强調它們的相互排斥，主分不主合。自十九世紀中葉以後，横向綜合的認識方法日盛，系統方法在西方興起。但即使在今天，傳統精神在西方文化觀念中仍然牢固存在。

文明時代的早期階段，認識水平決定了東方和西方都以綜合和整體認識爲重，但是西方民族的直綫式思維心理特徵，與綜合時代的客觀要求有一定矛盾，因而使西方人的聰明才智受到一定壓抑。而中國發祥遠古的圜道綜合思維與文明早期的客觀要求和實際條件正相吻合，因此在整個古代，中國人發揮出自己的高度智慧和熱情，在一定程度上避開了古代分析技術和實驗手段低下的缺欠，而能憑靠直觀觀察，發現許多有重要意義的客觀規律，將整體綜合方法的潛能充分展現出來，彌補了當時分析和實驗手段的不足。這就是中國古代科學技術曾經長期領先世界的一個重要原因。歐洲文藝復興之後，人類的認識進入了一個新的里程，整個情況發生了根本轉變。當中國人還沉緬於整體綜合方法時，西方學者利用資本主義興起的社會條件，迅速發展起精密分析的實驗技術。分析時代的到來，使西方科學家如魚得水。民族的傳統心理特質，推動他們迸發出驚人的力量，沿着科學的縱深方向猛跑，把世界的認識水平從樸素直觀迅速推到實驗科學的階段。而圜道思維的缺欠日益顯露，過去科學技術十分發達的中國終於被甩到了後面。從認識發展史來看，如果說古代綜合的大階段是東方的時代，近代分析的大階段是西方的時代，那麼二十世紀後期和二十一世紀的科學整體化時代，就應當屬於東西文化的滙合。

二、中國的系統思維

1．整體觀念

整體觀點是系統方法的核心。中國民族的整體思維傳統發祥甚早，到《易經》成書時，整體地觀察世界已成爲一種牢固的思維方式。

《易經》的整體觀點，鮮明地體現在它的醫學思想中。艮卦卦辭說："艮其背不獲其身，行其庭不見其人。"此句卦辭很像一句對仗工整的格言。艮爲止，引申爲注意、顧及。全句意思是，如果只注意到人體之背部，而沒有照顧到全身，那就像走進一家庭院卻沒有看見主人一樣。全身爲整體，脊背是局部。主人爲一個家庭的靈魂，會見主人是進入庭院的目的，進入庭院只不過是會見主人所須採取的手段和步驟。所以，用走進庭院不見主人，比喻只顧局部不獲整體，包含着重視整體，將整體視爲事物之本質和主旨的思想。這句卦辭與我們現在常說的"只見樹木，不見森林"相近。

除此之外，相對於五官四肢，背部在人身上屬靜止的部位，人的各種運動和實踐功能，集中在身體的前部。就一個家庭而言，住所是靜止的，住所的主人是能動的。因此，"艮其背不獲其身，行其庭不見其人"還具有這樣的意思，即如果僅僅把握住事物的靜止方面，而没有把握其動態功能方面，則是本末倒置，未得要領。在《易經》作者看來，事物的整體和本質與動態功能相聯繫，事物的整體特性通過動態功能顯現出來。

艮卦爻辭也表露出整體思想。初爻："艮其趾。無咎。利永貞。"二爻："艮其腓（腿肚），不拯其隨，其心不快。"三爻："艮其限（腰），列其夤，厲，薰心。"四爻："艮其身（指胸腹），無咎。"五爻："艮其輔（臉），言有序。悔亡。"上爻："敦艮。吉。"敦爲頭，爲額。六條爻辭是一個整體，説明人體所有器官，尤其是那些於運動功能至關重要的部位，都必須照顧好，這是健康原則的基本要求。全卦唯一的"吉"字標在上爻即末爻"敦艮"之後，正在於强調，只有自下至上對身體進行整體保護，才能健康吉利。

《易經》的整體觀點在卦象和六十四卦的編排上表現得更爲突出。《序卦》説："有天地，然後萬物生焉。盈天地之間者唯萬物。"《易經》作者以代表天地的乾坤二卦起始，將象徵萬事萬物的其餘六十二卦置於其後，分明顯示出把握宇宙整體的意向。無論六十四卦抑或每一別卦，特別是卦象，都是整體結構，必須從整體上去理解，才能抓住其實質。

2．關係與結構

在《易經》中，八卦和六十四卦圖形代表世界上所有花花綠綠的動態之象和內容萬千，複雜多變的宇宙過程，然而它們不過由陽爻（—）和陰爻（--）這樣兩個十分簡單的符號所組成。陰陽二爻之所以能夠發揮如此巨大的作用，主要是因爲《易經》作者充分利用了一切事物都具有特定關係與結構的原理。

他們通過一定數量（三和六）陰陽爻的錯綜關係，表示各種不同的事物，如用三根陽爻表示“乾”☰，三根陰爻表示“坤”☷，上面兩根陰爻下面一根陽爻表示“震”☳，下面兩根陰爻上面一根陽爻表示“艮”☶，中間一根陽爻，上下各一根陰爻表示“坎”☵。“震”、“艮”和“坎”雖然都是二陰一陽，但由於排列次序不同，陰陽爻所處的關係各異，於是形成了不同類型的結構和卦象，成爲不同事物的象徵。“兌”☱、“離”☲、“巽”☴也是根據同樣道理而顯示出它們的差別。

要了解六十四卦的涵義，就要進一步分析上卦與下卦以及從初至上六個爻之間的關係了。如咸卦䷞下艮上兌。卦辭：“亨，利貞。取女吉。”《彖》曰：“咸，感也。柔上而剛下，二氣感應以相與。止而說，男下女，是以‘亨利貞，取女吉’也。”艮爲陽卦，爲剛，兌爲陰卦，爲柔。就其通常的位置關係，陽剛在上，陰柔處下。但在咸卦中二者的位置顛倒，陽處下，陰居上，表示陽氣沉降，陰氣上騰，陰陽二氣交感，自然界的生化運動正常進行，故曰"亨，利貞。"艮代表少男，爲止；兌代表少女，爲悅（說）。所以，艮下兌上的卦象還表示男方到女方去迎娶新娘（"男下女"），一對新人感情投洽（"止而悅"），故卦辭曰"取（娶）女吉"。

由以上分析可以看出，在八卦和六十四卦圖象中，構成要素即陰陽二爻被看作是相對不可分解的，每一卦象作爲一個整體，它的屬性不僅由其構成要素的屬性所決定，更重要的是由其要素的結構關係，由其所包含的各個部分的綜合性聯繫所決定。這些正是系統性的基本原則。

八經卦和六十四別卦以關係和結構爲基礎。統觀《易經》和《易傳》所講求的諸多結構關係，最基本的是陰陽對立統一。《易經》卦爻辭中雖然沒有出現陰陽概念，但有關陰陽對立統一的早期思想觀念，《易經》之中肯定已經有了。有一段話至今未曾受到重視，這就是損卦六三爻辭："三人行則損一人，一人行則得其友。"過去一般僅從字面上或象數上解註，其實這兩句話包涵着深刻哲理。將其引申開來，意謂事物總要結成對子存在，總是以對立統一的方式向前運動。

除了陰陽對立統一作爲始基結構以外，在六十四卦象和《易傳》的論述中，主要有兩種結構模式，一是構成別卦的六爻結構，一是八卦組成的八卦結構。

六爻結構由六根爻迭次排列而成。上三爻和下三爻分別組成上下二經卦，成爲六爻系統從屬的兩個子系統。六爻之間和上下卦之間形成穩定的結構關係。《易傳》認爲六爻結構中的位次具有重要意義，它說："其初難知，其上易知，本末也。初辭擬之，卒成之終。若夫雜物撰德，辯是與非，則拜其中爻不備。……二與四同功而異位，其善不同。二多譽，四多懼，近也。柔之爲道不利遠者，其要無咎，其用柔中也。三與五同功而異位。三多凶，五多功，貴賤之等也。"（《系辭下》）初爻爲事物之始，上爻爲事物之終。初爻之時，事物如何發展尚難於看出，到了上爻，既見結果，固然可判斷全局，但要想全面細緻地瞭解其發展過程，辨別剛柔錯雜的性質和是非真假，就非得依靠中間各爻，即二、三、四、五爻不可。它們對認識事物的過程具有特殊意義：第二，四爻從爻序上說是偶數位，爲陰位，其功能相同。但由於在整個卦系統中所處的位置不同，因而顯示不同的作用。依照《易傳》，

“中”則無過無不及，爲無咎，而且“柔之爲道不利遠者”，下卦爲近，上卦爲遠，所以居處下卦之中位的第二爻多美譽。第四爻居上卦爲遠，又距全卦之尊位第五爻太近，所以多有恐懼。第三、五爻是奇數位，爲陽位，皆以剛健自主用事，但第三爻處下卦之偏位，屬卑賤之位，故多遇凶咎。第五爻居上卦之中位，爲六爻中至尊至貴之位，故多建功績。

上面分析是僅就爻位而言。如果把實際佔據各爻位的陰陽爻性也考慮進去，又如何呢？緊接着上面的引文，《系辭下》說：“其柔危，其剛勝邪！”這是針對第三、五爻位而言。如果佔以陰爻，則危險。因爲三、五爲主事之陽位，陰爻居陽位，象徵人不稱其職，事不當其位。如果佔以陽爻，陽爻居陽位，則象徵人稱其職，事當其位，可成功。所以，“三多凶，五多功，”不是絕對的，還要看佔據爻位的是陰爻抑或陽爻，以及其他一些有關條件，才能最後決定。對於第二、四爻位也如是。《系辭上》說：“天下之理得，而成位乎其中矣。”《易傳》作者將獲得天下之理與掌握陰陽六位的關係相提並論，足見其對爻位的重視。

《易傳》的以上論述告訴人們，它始終採取重視關係的態度。在分析卦系統的構成要素時，首先不是從它們本身的屬性入手，而是從它們在整體中的位置，即它們與其他要素的結構關係入手，然後再將它們本身的屬性估計進去。這一點也恰恰是系統方法的基本要求。

六爻結構與八卦結構都屬於多層結構，具有動態性和循環性，表現出時間與空間的統一，而以時間為主。它們雖然形式簡單，卻蘊涵着整個宇宙過程。《周易》認為，八卦結構和六爻結構決不是主觀任意所為，也不單純是方便的認識工具。宇宙演化的宏偉歷程，已凝積在八卦和六爻結構之中。《系辭上》說："易有太極，是生兩儀，兩儀生四象，四象生八卦，八卦定吉凶，吉凶生大業。"宇宙的始初是渾然的統一物——太極，太極生兩儀，即天地，可用一陰爻和一陽爻，以一爻結構形式（或陰或陽）表示。兩儀交感生出四象，即所說"天地革而四時成"（《革卦・彖》）。反映在卦象上，則需二陰爻和二陽爻，通過二爻結構，以 ⚌ 老陽、⚍ 少陰、⚎ 少陽、⚏ 老陰來表示。少陽象春，老陽象夏，少陰象秋，老陰象冬。由於四時運行，天、地、雷、風、水、火、山、澤八種自然物齊備，反映在卦象上，則須增至三對爻象以三爻結構來表示：☰ 乾，☷ 坤、☳ 震、☴ 巽、☵ 坎、☲ 離、☶ 艮、☱ 兌。依據《易傳》，八卦就是這樣產生的。然而八卦還不能演示和預測所有複雜事物，因此將它們兩兩相重，以六爻結構的形式構成六十四卦，方能預測吉凶，成就大業。可見八卦結構和六爻結構邏輯地保存着天地萬物發生發展的歷史，在一定意義上，是對宇宙行程的概括和總結。

3．全息系統

甲事物的屬性，經過相互作用，在乙事物身上打上印迹，以另一種形式表現出來，就成爲關於甲事物的信息。這時，我們可以借助研究乙事物來瞭解甲事物。中國古代學者由於偏重綜合的認識方法，偏重考察事物普遍存在的動態功能聯繫，所以很早就發現，許多事物的特殊功能反應中，包藏着於人有用的有關其他事物變化狀況的消息。他們常常利用這種信息傳遞和儲存的現象，通過信宿瞭解信源，以間接的方式觀察和推測天文、氣象、農作甚至人事的變化趨勢。古代巫覡將這種認識方法與卜筮活動聯繫起來，就使得龜卜和占筮帶有更大的權威性和可信性。似乎人們通過蓍草和龜殼的確可以獲得天意。這些就是古代關於信息轉換的思想。《易經》正是根據這樣的思想構製出來的。

《易經》原本是占筮之書。“筮，數也。”（《左傳·僖公十五年》）筮法認爲，天地陰陽與數有確定性的對應關係，即奇數爲陽，偶數爲陰。所以萬事萬物可以用數來表示。天地陰陽的推蕩變化，可以轉換成奇數和偶數的關係，反過來，數量的奇偶關係也能夠轉換成天地間的陰陽之象。在占筮過程中所獲得的一系列筮數，可以按奇陽偶陰規則依次轉換成剛柔六爻的卦象，以表示天地萬物的運動。在《易經》和《易傳》看來，筮數的獲得，正是天啓的顯示。可見，筮數、卦象、卦爻辭包含着相同的信息，是同一信息內容的三種不同表達形式。筮數和爻象可看作兩種人工信息碼，筮數的依次獲得是一種編碼過程，即將"天啓"信息以規定的數字碼表示出來。從筮數到卦象，再到卦爻辭，是對信息碼的層層譯解。

《易傳》認爲，《易經》已將宇宙的全部道理和變化囊括到六十四卦之中。所以它說："極天下之賾者存乎卦，鼓天下之動者存乎辭。"（《系辭上》）意謂六十四卦儲存了關於宇宙的全部信息，成爲一個無所不包的信息庫。"《易》無思也，無爲也，寂然不動，感而遂通天下之故。"（同上）這個信息庫放在那裏，自己不會思想，不會說話和行動，但是通過一定的檢索方法，即可從中找到所需要的有關世界變化的信息。檢索方法不只一種，除了各種不同的筮法，通過筮數的奇偶變化作爲檢索途徑之外，也可根據《序卦》對六十四卦次序的論述，編製成按照內容進行分類的檢索方法。由於內容極爲豐富，《易經》既可作爲筮書，也可作爲百科全書，其卦象還是一套以符號——圖象表達義理的獨立系統。因此可以針對不同的用途，編製不同的檢索方法。《易經》的六十四卦既可看作一個信息變換系統，同時又是一個關於宇宙和人事變化的信息儲存系統。

尤其令人矚目的是，由於六十四卦的特殊結構，再加上《易傳》和後人的闡述，《易經》六十四卦已成爲一個有趣的全息系統。它們以卦爻這種特殊方式，反映了宇宙固有的全息特性。這在世界認識史上是一大成就。

前面已經説過，在《易傳》作者看來，《易經》以乾坤二卦爲始，既濟未濟二卦爲終，逐層展開六十四卦，包含了宇宙的全部信息。然而每一別卦，又潛含着所有六十四卦的內容，就是説，藏納着關於宇宙變化的一切信息。這是因爲，從時間方面説，它們所具有的六爻結構，邏輯地反映了宇宙由太極至兩儀，至四象，至八卦，至全部吉凶大業的演進過程。因此，宇宙發展史的所有信息以凝縮形式打印在任何一卦中。

從空間方面說，每一別卦又隱藏着其餘六十三卦陰陽推蕩剛柔相摩的全部變化。《易傳》說：“因而重之，爻在其中矣。剛柔相推，變在其中矣。”“變動不居，周流六虛。上下無常，剛柔相易。”（《系辭下》）“六虛”，是指六個爻位。表明任何一卦，由於陰陽二爻的自由相推，都具有變出六十四卦的可能性。對於這一關係，王夫之有最爲透徹的說明：

“夫陽奇陰偶，相積而六。陽合於陰，陰體乃成。陰合於陽，陽體乃成。有體乃有撰。陽亦六也，陰亦六也。陰陽各六，而見於撰者半，居爲德者半。合德撰而陰陽之數十二，故《易》有十二；而位定於六者，撰可見，德不可見也。陰六陽六，陰陽十二，往來用半而不窮。其相雜者，極於“既濟”（䷾）、“未濟（䷿）；其相勝者極於“復”（䷗）、“姤”“䷫”、“夬”（䷪）、“剝”（䷖）；而其俱見於撰以爲至純者，莫盛於“乾”（䷀）“坤”（䷁）。……由此觀之，陰陽各六，而數位必十有二，失半而無以成《易》。故因其撰求其通，窺其體備其德，而《易》可知已。於“乾”知六陰，於“坤”知六陽也，其雜勝也，能雜於六，而有能越於十二者哉？”（《周易外

傳・系辭》下傳第六章）

六十四卦每卦六個爻位，用陰爻（--）和陽爻（—）兩種爻符任意向這六個爻位填充，至多能配出六十四種卦畫。假設每根陰爻或陽爻可以重複使用，那麼爲配出全部六十四種卦畫，需要六根陰爻和六根陽爻，不必多亦不可少。然而陰陽相合，互依互根，不可分離，因此每一根爻實際上應當由兩面組成，一面爲奇爲陽，一面爲偶爲陰。分而視之爲十二，合而成體僅爲六（“陽奇陰偶，相積而六”）。將此六根合爻按六爻結構的要求鋪排在桌面上，則顯於外的爲六面，背而隱的爲六面（“見於撰者半，居爲德者半”。）任何一根陰陽合爻，都可隨意翻轉，於是由六根合爻即可演示出六十四種卦象。故爾，它們靜止下來則爲一卦，運動起來就展現出六十四卦。《易經》六十四卦可以看作是這樣一個由六根合爻不斷翻轉不斷變換的無限循環過程（“往來用半而不窮”）。

依照王夫之的設計和分析，不難看出，《易經》中之每一卦無不包含着全部六十四卦的信息。其中一卦的信息爲顯性，六十三卦的信息爲隱性，潛在地存儲於卦體之中。而處於流傳循環之中的六十四卦，正可謂一卦內涵的盡性展開。從信息的表現形式說，一卦與六十四卦之間，各不同卦之間有很大差異，從所含信息的内容説，它們卻是等價的。王夫之没有使用信息和全息這樣的概念，没有直接導出這樣的結論，但他的論述蘊涵着與之相近的思想則是無疑的。

《周易》作者和王夫之都認爲六十四卦象是對客觀世界的忠實模擬，所以六十四卦的全息關係應是宇宙本性的反映。王夫之説："《易》以稱天地之量，而不能爲之增減。增者外附而量不容。減者内餒而量不充。'乾'無六陰，陰從何來？而'坤'爲增矣。'坤'無六陽，陽從何來？而'乾'爲增矣。相勝者：'夬'、'姤'一陰，而五陰何往？"復"、《剝》一陽，而五陽何歸？相雜者：陰陽之或少或多，已見者在，而未見者何亡？**以爲本無，則"乾""坤"加於數外矣。以爲本有，則餘卦宿於象中矣**。……是故有往來而無死生。往者屈也，來者伸也，則有屈伸而無增減。屈者固有其屈以求伸，豈消滅而必無之謂哉？！"（《周易外傳·系辭》下傳第六章）王夫之用易學的語言表達了物質和物質屬性不生不滅的原理，並以此論證每一卦必須潛含其餘六十三卦，才能與物質世界運動變化的實際情況相符。這是對易學的巨大發展。

六十四卦所表現出的全息思想，在中國古代學術中並非孤立一端。哲學史上，宇宙一體，天人合一的理論認爲，人是一個小宇宙。每一個人都帶有全宇宙的信息。另外，莊子“萬物皆種也”的“天均”說，二程物物“百理俱備”（《二程遺書》卷二）之論。朱熹的“理一分殊”，都是宇宙全息論的表現。中國古代的宇宙論、生物學、醫學、社會學、政治學，都認爲事物的部分涵納着整體的全部信息，通過觀察局部，完全能夠把握整體。這種全息觀點也深深影響了中國藝術。“籠天地於形內，挫萬物於筆端”（陸機《文賦》），成爲藝術家們苦心追求的意韵和境界。在小說創作中，最突出的是《紅樓夢》。曹雪芹描寫的賈府乃是全社會的縮影。在敍述過程中，他處處設下伏綫，許多情節對話，同時包含着對後來故事發展和人物命運的暗示。因而幾乎每一章回，既是獨立的一環，又潛藏着全書的悲劇輪廓。這種構思，使得《紅樓夢》涵蘊深長，耐人尋味。

三、天與人的協奏曲

天人合一論把天和人看作和諧、統一、渾滙交融的整體，是以圜道觀研究人天關係得出的必然結論，是中國古代系統觀的表現和構成部分。天人合一觀念非自《周易》始。其原始形態之一是順天守時的主張，《尚書、堯典》即有所記載。到西周晚期，天人合一觀念雖然尚未形成理論形式，但已擁有相當豐富的內容，涵納在《易經》六十四卦之中。

1．天人合一觀之表現

六十四卦的卦象，既是標明某一卦的代號，同時又是一幅幅以爻的形式繪製的自然圖景。在《易經》一書中，關於人與天的關係沒有直接的論述，但是從卦畫與談論人事吉凶的卦爻辭的相互配合，可看出該書作者在這個問題上的某些觀點。

(1)認爲自然法則與人事規律有一致性。

表現這一觀點最突出的是乾卦（䷀）。其卦象象徵天爲全陽之氣。六根陽爻自下而上一順排開，並非木然僵在那裏，而是表示六爻與天下萬物都處於永恒運動的過程之中。此過程表現爲一級一級的上升和發展，而當到達最上一層不能繼續前進時，就折返下來，開始新的循環。再看爻辭；

"初九　潛龍。勿用。

九二　見龍在田，利見大人。

九三　君子終日乾乾，夕惕若。厲，無咎。

九四　或躍在淵。無咎。

九五　飛龍在天。利見大人。

上九　亢龍。有悔。"

商周時代，龍常用來比喻聖人君子。此卦談龍的潛、見、躍、飛、亢，實際説的是，國家人事的發展總是經歷從弱到强，又由盛轉衰的過程。

又如泰卦（ ䷊ ），卦象爲下乾上坤，象徵天地陰陽二氣交融循環。《象傳》曰："天地交，泰"，《彖傳》曰："天地交而萬物通也。"卦象揭示了自然生化的規律，而《易》作者認爲人事和自然一樣，要使社會生活正常運行，辦事亨通，人和人之間，上級和下級之間也必須進行適當的交往，正如《彖傳》所説："上下交而志同也。"所以《易》作者把反映自然變化的天地交融之象，作爲説明人事亨通的《泰》卦之卦象。

（2）將自然事物的屬性與人格品德聯繫起來。

坤卦象徵地，六二爻辭："直、方、大，不習，無不利。"直、方、大説的本是地的特徵，《易》作者在這裏同時又是要求人們具有正直、端方、大度的品格，認爲人有了像地那樣的好品質，即使遇到不習慣、不熟悉的環境，做事情仍會順暢吉利。

（3）在天人關係中，意識到人是能動的主體。

中國民族對人的力量和價值的自覺相當早。《易經》作者在處理天與人的關係問題時，已將人置於主體的位置。縱覽全書可以看出，六十四卦象從天地生萬物（《乾》《坤》）起始，至象徵物象不可窮盡的《既濟》《未濟》二卦告終，代表了整個宇宙過程，然而它們相對於探討人事變換的卦爻辭，則只起陪襯、比喻和輔助說明的作用。顯然，在比喻與被比喻、襯托與被襯托之間，後者爲主。

人以自我爲主的精神還表現在，《易經》作者十分强調主觀的誠心對事情成敗有重要意義。如井卦上六爻辭"有孚元吉"，坎卦卦辭"有孚，維心。亨，行有尚"，損卦卦辭"有孚元吉，無咎；可貞，利有攸往"等等，其中的"孚"，應訓"誠"、"信"，意思是如果主觀上有誠信之心，那麼行爲就會中正，辦事就會亨通而獲成功，否則就會差錯百出。

人的主體意識在西周時期已有很大提高，依據《易經》，在人與自然的關係上，甚至在人與神的關係上，人是關係的出發點和歸宿，主動權可以掌握在人的手中。人爲宇宙中心的思想已萌動於六十四卦之中。

(4)熱愛自然，天人情融。

《周易》每一卦都一面是卦畫所表象的風雨山川的自然景色，另一面是文字描繪的熙熙攘攘的人世生活。六十四卦活像是一幅圖文並茂的藝術長卷，令人想起古代多少充滿詩情畫意的佳作。它告訴人們，人類就生活在大自然的懷抱之中，無論喜怒哀樂，吉凶禍福，一刻也離不開自然的養育。透過自然景物，能夠更生動地理解人事的情趣和奧妙，反過來，人事的吉凶成敗，也增添了自然景物的風韻和情致。人與自然互相映照，息息相通。六十四卦，象與文比肩配列，緊密合作，洋溢着《易》作者對自然的愛念之情。

這一點從大畜卦亦可看出，大畜爲農業專卦。全卦既講了農作種植，又講了牲畜飼養，還談到農民的勞動生活。卦名大畜，就是充分利用自然環境大力發展農牧生產之意。大畜卦象爲下乾上艮（䷙）。《象傳》曰：“天在山中，大畜。”高亨的解釋甚妙：“‘天在山中’，即天之光明照耀於山内。天之光明照耀於山内，則草木鳥獸皆遂其生，成爲人之財富，其積蓄者大矣，是以卦名曰大畜。”❷請看，這是一派多麼誘人的山野風光啊！人們愉快地在大自然中勞動，憑靠陽光水土草木，繁養五穀牛羊，與自然萬物同生共存，其樂陶陶。大畜卦明顯地表現出這樣的觀念，即人活動於自然萬物之間，而不是站在自然萬物之外，與自然相對。人與自然有着水乳交融，親切和諧的關係。

以上四點，可看作是中國早期天人合一論的表現。天人合一思想與中國固有的圜道觀即循環論有着深刻的内在聯繫。圜道觀把一切事物的運動和事物之間的關係，統統看作去來往復的圓圈，所以凡是相對立的事物必定要融合貫通起來。《易經》作者正是以這種觀點看待天與人的關係，因而造成天人合一、主客相融的結果。這與西方傳統迥然相異。依照西方傳統觀念，人與天、主體與客體好似立在一條向兩個方向伸展開去的直綫上，二者是相互站開的，分離的，對立的；而中國，由於把天與人放在一個作循環運動的圓圈之上，所以二者的關係始終被理解爲認同與融合。

2．對中國文化的影響

《周易》雖然還處於天人合一說的開始形成階段，但是上述四個方面對後世的影響卻是不可忽視的。

(1)科學

天人合一的認同思想促使人們去尋求自然界、人類社會以及人的肌體共同遵守的普遍性規律，使中國的傳統科學不是向縱深發展，而是着重橫向聯繫，着重研究人與客觀世界的統一性，對應關係和相互影響，因而促進了自然科學與社會科學緊密滲透。古代天文、曆學、軍事學、社會管理和醫學表現的最爲突出。尤其醫學，本來就是一門綜合性的學科，兼有自然科學和社會科學的成分，所以與天人合一觀一拍即合。天人合一觀使醫學順理成章地更爲自覺地兼顧自然科學（如天文、地理、氣象、曆法）與社會科學（如倫理學、社會學、政治學、兵法等）的成果，這是中醫學在所有傳統學科中發展程度名列榜首的重要原因。由天人合一求同思想所導致的尋找事物普通聯繫的橫向偏愛，進一步加强了圜道綜合思維方法的優勢，對中國古代科學的發展起了相當大的推動作用。但是，由於人們在思想觀念上，牢固地將自然、人類社會和人類個體紐結在一起，因而影響了各不同學科向更爲精細的專門化方向發展，不利於抽象思維的提高。學者們着重研究的是人類社會與自然萬物，主體與客體的相似性和一致性關係，而不是向着各不相同的深遠方向去開拓更爲特殊的領域，去積極尋找宇宙萬物的特殊性和個性。

（2）哲學

中國古代哲學偏重討論社會政治，而社會政治問題又往往以倫理的形式出現。這種情況與天人合一、人爲主體的思想有一定關係。此點儒家最爲突出。道家雖然有比較豐富的自然觀，但其着重點仍在政治和人生。大概研究自然現象最多的要數陰陽家了，他們是中國天文曆法的奠基者，然而他們研究自然法則的目的還是爲了規範人事，希圖從自然關係中尋找倫理關係，從自然事物的運動過程尋找人類歷史的變化規律。由於在天人合一理論中包含着很強的主體意識和人的自覺，中國古代哲學大部分成爲以天人關係爲基礎的人的哲學。

還有一個值得注意的情況是，中國古代哲學（宗教哲學除外）中的內省觀點，有很大一部分與誇大天人的統一性有關，這類哲學把天與人的一致性看作是完全等同，並把二者的等同歸結爲"心"與"天"（天理）的同一。這種特點構成中國非反映論哲學的一個傳統。如孟子主張人生來就有"良知""良能"，即仁義禮智四端，與所謂"天之道"完全相符，所以他說："盡其心者，知其性也；知其性則知天矣。"（《孟子・盡心上》）在此基礎上，他提出了著名的"萬物皆備於我矣"的命題。又如老子說："不出戶，知天下，不窺牖，見天道。"（《老子》四十七章）同樣是主張做內省功夫，以天人合一爲前提。宋代二程和朱熹的認識論也帶有非反映論的色彩，程頤說："學者不必遠求，近取諸身，只明天理。"（《二程遺書》卷二）朱熹說："一心具萬理"，"心包萬理，萬理具於一心"。（《朱子語類》卷九）斷定認識的對象已含在我的心中，所以認識最終是"究其心之本體"（《大學或問》卷二）。他們不否定客觀世界的存在，不割斷認識主體與客觀世界的聯繫。他們走向非反映論的思維道路，與孟子是一樣的。

（3）宗教

天人合一思想的另一重要影響，是使中國民族宗教意識較西方淡薄。我們的祖先在天人合一觀的支配下，把自己視作自然界大家庭中的一員，與自然萬物和諧融洽，情如手足，所以較少孤獨恐懼之感。神（天）和人的關係在西方本質上是站開的，對立的，而中國則表現爲認同與相融。因此中國的神不可能產生長久的威懾和統攝作用。從卜辭看，殷人把天與上帝聯繫起來，人們十分尊崇和懼怕昊天上帝，因爲上帝嚴厲而莫測。但《易經》所表現出來的宗教觀念已與殷人有很大不同。依據《易經》，天（神）與人處於交流往還，互相包含的循環關係之中，因此上帝不再是一個遠離人世、不通人情的可怕主宰，舉祭者的誠心（孚）可以感動上帝而實受其福。

中國的宗教思想就是沿着這條天（神）人合一的道路向前走的。其特點是：神與人、天堂與世間越來越靠近；神的觀念由抽象走向具體；宗教教義趨向世俗化。如果說，商周的天神還是一種抽象模糊、超時空的神秘主宰，那麼經過春秋戰國時期的蛻變，到董仲舒，天神就活龍活現，而與自然界溶爲一體了。他説："人之爲人，本於天"（《春秋繁露·爲人者天》）。"昊天生五穀以養人"（《求雨》），"使之生義與利，利以養其體，義以養其心"。（《身之養重於義》）在他看來，"天"既是自然界，又是"百神之大君"，有着同人一樣的志欲情感，不僅和人息息通應，而且仁愛之心十足。

正是在這樣的發展趨勢下，東漢末年誕生了道教。道教是中國本土產生的宗教，它尊奉"元始天王"。與董仲舒的"百神之大君"相比它更形象分明，更富於人格特徵。道教與印度佛教不同，佛教寄希望於來世，道教眷戀於今生，佛教把死視作涅槃，而道教追求永年，決心將肉身修煉成神仙。道教教義在思維邏輯上恰恰是中國的天（神）與人各向對方作旋轉運動的結果。

印度佛教是一種擁有無比偉力的宗教。但是當它傳入中國，也身不由己地卷進了這種天（神）與人彼此融合的循環運動。自漢至唐，佛教宗派林立，其中盛極於唐末五代的禪宗，是在我國影響最大，同時也是徹底中國化了的教派。禪宗的特點是，否定禪定念經苦行修煉的意義，主張"放下屠刀，立地成佛"，宣揚佛性人人皆有，"真如"處處都在，"運米搬柴""餓吃睏睡"之中，就有般若妙道，所以要成正果，無須出家爲僧，只待人去"覺悟”。禪宗將“佛性”人性化，將“西天極樂世界”遷至本鄉本土，將修煉功夫溶解在生活瑣事之中，這樣就使佛教徹底世俗化了。

(4)經濟學

重農輕工抑商是清以前歷代統治者共同之國策，也是歷代農民起義包括太平天國的方針。學術思想史上，諸家各派彼此詰難，各執一端，然而在這一點上卻無一異詞。爲甚麼會出現這種歷史現象？除了經濟政治的原因外，還有中國人所特有的理性、情感和倫理精神的要求在起作用。

天人合一觀使中國民族在無形之中形成了根深蒂固的只承認和尊重必然性，而忽視、鄙視偶然性的思想意識。《易經》及後世學者們所理解的“天”，無論是指天地自然，還是昊天上帝，都是純粹必然性的化身，而且，這種必然性大多表現爲簡單呆板的周期重復性和因果聯繫。在他們的心目中，偶然性是沒有任何地位的。因此，與天合一的人的行爲必須處處遵從那些體現必然性的理或道。而不應有任何對偶然性、對機遇的期待和利用，更不提倡冒險和僥幸。不用說，商業活動與這種精神是背道而馳的，而“種瓜得瓜，種豆得豆”的農耕則最符合天之理。工藝製器雖不能不遵循規矩成法，但總離不開交易販運，故也不可大作。

天人合一觀認爲，天的最重要的規律之一是自因自果的循環。而循環的最大特徵是自足性。這種對天格、人格的理解，限於古代狹隘的眼界，表現在經濟生活中就是小農自給自足的自然經濟模式。

天人合一觀作爲一種人生理想，主張人天一體，人的身體、情感和整個心靈都應當直接地親密無間地與天地相交融。“人農則童”（《亢倉子·農道篇》）“能應四時者，天地爲之父母。”（《素問·寶命全形》）在一切生產活動中，日出而作，日入而息，恪守天時，操作於田野之間的農業活動，最符合這一標準，最能體現以天地爲父母的精神。所以務農最能夠滿足人們基於天人合一的情感，道德要求，被認爲是一種符合天理人性，僅次於爲“士”的高尚職業。

四、《周易》的符號體系

象論是《易傳》哲學的重要組成部分。《系辭下》説：“易者，象也。”在《易傳》作者看來，象的問題在一定意義上乃是《易》學的核心和本質。象論對中國文化的影響決不亞於陰陽五行學説。並且，陰陽五行學説也與象論的有關思想交織在一起。這套符號體系構成中國古代系統觀的一個重要方面。

1.“象”規定了認識和表現的層次

要理解《易傳》象論，必須弄清甚麼是“象”。《系辭下》說：“古者包犧氏之王天下也，仰則觀象於天，俯則觀法於地”；“是故法象莫大乎天地，變通莫大乎四時，具象著明莫大乎日月”。“在天成象，在地成形，變化見矣。”總之，“見乃謂之象”。（《系辭上》）《易傳》在這裏所說的象，就是指客觀事物表露於外的形象、現象，人憑借肉體感官可以直接把捉到它們。

如果僅僅根據古人的這些表述，那麼這裏之“象”不過是指直觀可察的感性形象，客觀事物的外在表現，一切認識都從這裏開始，沒有甚麼特別。然而事實上，《易傳》對“象”的理解並不限於此。《系辭上》說：“聖人有以見天下之動，而觀其會通，以行其典禮，系辭焉以斷其吉凶，是故謂之爻。極天下之賾者存乎卦，鼓天下之動者存乎辭。”“彖者，言乎象者也。爻者言乎變者也。”“天下之動，聖人效之。”《系辭下》又說：“爻也者，效天下之動者也。”這就表明，《易傳》作者不是同等地對待所有“見於外而可閱”的事物形象，他們的興趣和偏重在於事物的動態之象，而不是靜態之象，他們要着意研究的是事物的行爲和功能，認爲事物的吉凶悔吝根源於事物的功能屬性和變動的實際情況，故說，“剛柔相推，變在其中矣。系辭焉而命之，動在其中矣。吉凶悔吝生乎動者也”。（《系辭下》）後面這句話有雙重涵義，一方面吉凶悔吝的占筮結果，產生六爻的陰陽變化，另一方面，一切事物的興衰盛敗無不取決於其自身的剛柔運作。

特別引人注目的是，《系辭下》宣稱：“剛柔者，立本者也。”在《易傳》中，剛柔即陰陽。古人將所有收藏於內的，寒涼凝聚的，暗晦的，屈縮的，閉闔的，向後向下的，平靜遲緩的等性態趨向歸屬於陰，與之相反，將表露於外的，溫熱擴散的，光明的，伸展的，開放的，向前向上的，活躍疾速的等性態趨向歸屬於陽。陰陽是對物質世界動態功能屬性的直觀概括。《易傳》作者認爲，陰陽剛柔是萬事萬物得以建立的根本，實際上亦就是主張以事物的動態功能爲本。

正是基於此，《易傳》同時表現出對事物形體，形質方面的相對輕視。《系辭上》說：“神無方，而《易》無體。”“知變化之道者，其知神之所爲乎？”何謂“神”？“陰陽不測之謂神。”有了陰陽的作用，方有萬物的生化，所以神是妙成萬物的功能，造化世界的機理，它沒有固定的成方，就體現在萬千世界的無窮變動之中，而《易》，即爻卦之象與辭，所要顯示的是吉凶悔吝如何“生乎動”的真理，而不表現事物的靜態形體或形質。這一點是由以陰陽剛柔爲立物之本所決定的。

《易傳》對事物形體與形質方面的相對輕視，充分表現在它對“道”的理解上。在《易傳》作者看來，知“道”即知“神”，知“神”亦知“道”，神爲“陰陽不測”，道爲“一陰一陽”，神和道都體現在“妙成”和“造化”的運作功能之中，所以神和道屬於同一序列，都是關於功能動態及其規律的範疇。神以表明道之奧妙，道以顯示神的法則。因此“道”自然主要是指事物的功能動態規律，而不是指物質形體方面的規律，即所謂“變化之道”。《系辭下》説：“天下之動，貞夫一者也。”“一”即“道”，“貞夫一”即“正於道”，也就是説，“道”的本性在於統轄天地萬物之“動”，即動態之象。

《系辭上》還説：“見乃謂之象，形乃謂之器。”依照《易傳》，象與道都與作爲形體之器相對，這就進一步説明，道主要是關於象的道，不是關於體的道，而所見之象既然與形體之器對舉，那麼它主要應是器物的功能動態之象，而不是其形態形質靜態之象。它受“道”的支配，與道屬於同一層次，同一領域。之所以説道在形與器之上，原因之一正是在於道直接概括的是象，而象又是指事物的動態之象，所以道和象都好似附於形器之上。因此，《易傳》雖然泛指一切見於外之象，實際是有所選擇有所偏重的，而且由此確定了在反映和表現過程中處理事物行為功能與物質形體關係的原則立場。它不否認物質形體（"器"）的重要和必不可少，但與行為功能相比較，堅持以功能為基礎，為一切立論的出發點。而形體和形質方面，則居於次要地位。這種原則立場儘管是由《易傳》以文字形式明朗地闡發出來，在《易傳》中實已潛藏着。

統觀中國古代的哲學、科學和藝術創作等等，可以確認《周易》對客觀世界紛呈雜陳的"象"的態度，不僅屬於《周易》，而是整個中國古代思維的主導趨向。它規定了中國古代科學認識客觀世界的層次，基本方向和方法，同時也決定着中國傳統醫學、藝術和美學思想的特色。

2. 據象歸類，整體劃分世界

六十四卦以八經卦為構成基礎，而八經卦分別代表天、地、雷、風、水、火、山、澤八種自然物，這種思想在《易經》中已經有了。《易》作者對六十四卦（包括象和辭）的精心安排表明，他將六十四卦的序列看作是對整個宇宙過程的反映和說明。因此可以推認，《易》作者實際上已將八種自然物視作世界的基本構成物。正像早期五行學說認爲世界萬物統由木火土金水五材雜合而成一樣，早期八卦學說認爲萬事萬物無一不是上述八種自然物的衍生物。

《易經》把八種自然物作爲構成世界的物質基礎，不是着眼於它們的形體形質，而是着眼於它們的功能動態屬性，並且認爲這些功能動態屬性具有普遍意義。正是因此，《易經》以乾、坤、震、巽、坎、離、艮、兌作爲八卦的名稱，而不以天、地、雷、風、水、火、山、澤作爲八卦的名稱。唐人孔穎達說："六爻皆陽，畫成卦也，此既象天，何不謂之天，而謂之乾者，天者定體之名，乾者體用之稱，故《說卦》云：'乾，健也'。言天之體以健爲用。聖人作《易》本以教人，欲使人法天之用，不法天之體，故名乾不名天也。"（《周易正義》）此語甚中要害。其實推而廣之，八種自然物均爲體，八卦之名皆表用。這就表明，八卦理論的認識重心在"用"而不在"體"。八卦與八種自然物的關係，類似五行與五材的關係。五行與五材相比，意義上發生了變化，稱謂上没有變。而八卦在稱謂上也發生了變化。

西方的物質元素理論，深入事物內部，將形形色色的事物進行分解，認爲任何一種形態的物質存在，分解後都可歸結爲若干種物質元素。中國古代的五行學説和八卦理論，站在世界之上，居高俯瞰，大體上以五種或八種功能屬性爲根據，對萬事萬物的動態之象進行綜合，將其歸納爲五個或八個大類別，作爲對世界整體之象的劃分。五行歸類和八卦劃分約在戰國後期近乎同時完成。現依據《説卦傳》和《雜卦傳》對世界的八卦劃分，擇其要者列簡表於後頁。

面對這樣一張奇怪異常的分類表，如果我們沿着分析事物形質即物質構成的思路去研討，那是根本無從理解的，甚至認爲荒謬可笑。然而這正是一種充滿東方色彩的古代横向分類模式。這張表不是依據物質構成，而是依據事物表現於外的象，主要是動態之象，即功能特性及事物之間的行爲動態聯繫來進行分類的。具體表現爲以下幾個分類原則：

（1）相應則同類

"類"概念爲先秦思想家們普遍重視。《易傳》關於"類"的最著名的一句話是："方以類聚，物以羣分。"（《系辭上》）據俞樾："方之言四方也。物之言萬物也。"（《羣經評議》）四面八方萬事萬物，同類者則聚則羣，異類者則散則分。《易傳》的這句話還見於《禮記·樂記》，後來演變成爲中國的一句成語："物以類聚，人以羣分。"它直接説明的是，

卦名	卦象	八種自然物	基本功能屬性	時令（四十五日）	方位	生化	人體語言	家族關係	動物	色	植物	其他
震	☳	雷	動、起	正春	東	萬物出乎震	足	長男	龍	玄黃	蒼莨竹 萑葦	旉、大涂
巽	☴	風	入、散	春末 夏初	東南	萬物絜齊	股	長女	鷄	白		木、繩直、 近利市三倍
离	☲	火	麗、烜	正夏	南	萬物皆相見	目	中女	雉		爲科上槁	日、電、鱉、 蟹、甲胄戈兵
坤	☷	地	順 柔、藏	夏末 秋初	西南	萬物致養	腹	母	牛	黑		柄、衆、文、 大輿、釜、布
兌	☱	澤	說	正秋	西	萬物所說	口	少女	羊			巫、妾、剛鹵之地
乾	☰	天	健 剛、君	秋末 冬初	西北	陰陽相薄	首	父	馬	大赤	木果	冰、金、玉
坎	☵	水	陷、潤	正冬	北	萬物所歸	耳	中男	豕	赤	爲堅多心	月、弓輪、溝瀆
艮	☶	山	止	冬末 春初	東北	萬物終始	手	少男	狗		爲堅多 節果蓏	徑路、小石、 門闕、指、閽寺

事物的或分或聚由其類屬性的同異決定。同時也就告訴人們，凡是相互靠攏、有聚合趨向的事物，即爲同類。

關於“類”的問題，《易傳》還談到：“同聲相應，同氣相求。水流濕，火就燥，雲從龍，風從虎。聖人作而萬物睹。本乎天者親上，本乎地者親下。各從其類也。”（《文言》）“同類相應”或“同類相動”的主張，幾乎見於先秦兩漢各家各派的著作中，爲中國古代學者普遍承認。這一思想與“方以類聚，物以羣分”貫穿着一個共同的分類方法，即凡是能夠相感、相從、相召、相動的事物，則爲同類。這是八卦劃分和立行歸類中最重要的一條。例如，春天，大地萌動，震雷出滯，多刮東風，植物開始生長，冬眠的動物甦醒，到處呈玄黃（青）色，開滿絢麗鮮花（旉）。這些事物有相動相從的關係，故劃爲一類，以震爲標誌。

（2）功能和行爲方式相同爲一類

例如古人認爲天在自然界有統攝萬物的作用，而君爲一國之主，父爲一家之長，首爲一身之統領，居全身之最高位。這四者在各自的關係系統中有相同或相近的功能，所以視作同類。又如大地養育萬物，母親哺育兒女，腹爲全身營養之本，釜用來煮熟食物以養人，這四者有相同或相近的功能，故爲同類。再如水有潤下的品性，故將水、陷、潤下、“萬物所歸（藏）”、隱伏、正冬（冬季萬物歸藏）等歸爲一類，這是以行爲方式相同或相近爲歸類標準。

（3）動態屬性相同爲一類

例如將天、剛、健、馬視爲同類，是因爲天與馬在運行過程中都表現出剛健品格。又如地與牛都柔順，故歸爲同類。

（4）靜態屬性相同或因有純粹形式上的外在聯繫爲一類。

如古人認爲天形圜，而木果形亦圜，故將木果與天歸爲一類。又如震爲正春，大地玄黃，而蒼筤竹和萑葦色青，與玄黃同色，故將其歸爲震類。再如巽爲木，人栽植樹木可售賣獲利，故將“爲近利市三倍”也列在巽卦類之下，則純屬形式上的聯繫。

總觀上表可見，八卦理論與五行學説都採用據象歸類的方法，對世界進行整體劃分。但《易傳》八卦理論對世界的劃分，標準不夠統一，不如五行規整，顯得蕪雜繁亂。然其思想原則與五行還是一致的。《説卦》曰：“乾，健也。坤，順也。震，動也。巽，入也。坎，陷也。離，麗也。艮，止也。兑，説也”。這段話在八卦歸類中起着綱領的作用。而健、順、動、入、陷、麗、止、説(悦),正是八種功能屬性,即八類動態之象。

3. 形象思維的實踐和理論

形象思維決不僅存在於藝術創作之中,它與抽象思維是兩種不同的理性認識方式,都具有普遍性。抽象思維以概念形式表達客觀真理,形象思維以形象的形式反映事物本質。在人類的實踐和認識活動中,二者比肩並行,相互依賴,相輔相成,各自發揮自己的特殊作用,不能彼此替代。

形象思維的存在已爲大量科學事實所證實,它不僅是當今思維科學最重要的課題之一,同時也是探索中國傳統思維必須深入研討的問題,因爲形象思維在中國古代文化的發展中起過特別重要的作用。最突出最具有特色的實例之一就是漢字。漢字的起源和構成原則向來認爲有"六義",據《漢書·藝文志》爲:"象形、象事、象意、象聲、轉注、假借"。許慎在《説文解字序》中另有提法:"指事、象形、形聲、會意、轉注、假借。"這兩種提法儘管有不同,但都肯定漢字的基本構成方法是形象地反映世界,所以歷來有書畫同源之説。

文字的形成和發展不是孤立的偶然事件,它集中地體現着一個民族的思維方式,體現着該民族的文化心理基質。在任何一種語言文字中，除了專有名詞外，每一個字或詞都是一個概念，任何概念都具有不同程度的抽象性、概括性，用以表達事物的一般性。拼音文字用抽象的符號標示抽象的東西，甚至用抽象的符號代表唯一的個別具體事物。而漢民族的文字偏偏要用形象的具體的形式來表達抽象，一般的內容，充分反映出漢民族對形象思維的偏愛。

特別有趣的是，中國的繪畫與漢字恰成鮮明的對照。它重傳神而不重形似，表現的主要手段是抽象線條，以寫意爲特徵，要求在藝術形象中盡量涵蘊主體的意念、情思和深刻的哲理。文字的任務是標示抽象概念，卻充滿畫意；繪畫是要創造美的形象，卻賦與高度的抽象性和概括性。這種將形象與抽象水乳交融、緊密地揉合在一起的奇異現象，是中國傳統文化基本特徵的又一個側面。

漢字和中國畫的這種特徵，同樣顯示在《易經》六十四卦中。《易經》的結構，從形式上看，每一卦圍繞一個主題，開頭是卦象，後面是卦辭和爻辭。卦象是形象的論述，卦爻辭是抽象的表達，卦象似乎起着開拓的先導作用，意味着形象思維與抽象思維的統一，而以形象思維領頭。不僅如此，單就卦象而言，其構成要素陰爻（- -）陽爻（—）是抽象的綫條和符號，而由它們組成的八經卦和六十四別卦，又具有形象性。另一方面，在卦爻辭之中，既有哲學、政治、經濟、軍事等多方面的理論性的論説，同時又包含着大量形象的比喻和故事，還穿插着不少充滿文學形象的詩歌。深邃的道理，常常寓於生動的比興之中。整個《易經》，幾乎到處都是形象思維與抽象思維的緊密交織。

《易經》的卦象，不是對客觀事物隨意的偶然的反映，也不是照本如實的描摹，它們具有很强的概括性、選擇性、象徵性。而且，六十四別卦裏，有許多卦所表現的事物關係，在現實世界中並不存在。作者將它們組合在一起，只是爲了借助一組形象來説明一定道理。如泰卦（ ䷊ ）爲了表達"天地交而萬物通"之理，其卦象竟將天置於下，地置於上，這裏面包含着大膽的想象和古人對天地物質循環的見解。由此可見，六十四卦象是一種自覺的創造性的形象思維產物。

六十四別卦和八經卦皆由陰爻和陽爻自相重叠或交錯排比而成，陰陽二爻的對立統一關係對八經卦和六十四別卦的涵義具有決定意義。而且乾坤二卦，即純陽之卦和純陰之卦，在八卦和六十四卦中佔有特別重要的位置。同時，上下二經卦的矛盾關係，也給每一別卦的内涵以直接的影響。事實説明，陰陽這對重要的哲學範疇，其前身，正是以形象的方式孕育並體現在卦爻的圖象之中，也就是說，《易經》的作者和讀者，不僅通過形象思維認識和表達許多具體事物的道理，而且利用形象思維對世界進行着哲學的探索。《易經》的實踐表明，形象思維能夠以特殊的方式觸及和反映客觀世界深刻的矛盾運動，爲我們今天建立和研究形象思維學提供了可貴的資料。

《易傳》作者總結《易經》以及春秋戰國以來文化科學發展的經驗，充分意識到古人對形象的思考在認識和表現世界中具有舉足輕重的作用，形成了中國最早的形象思維理論。現剖析如下：

(1)認爲形象的把握，是認識世界的重要方面。《系辭下》説："古者包犧氏之王天下也，仰則觀象於天，俯則觀法於地，觀鳥獸之文與地之宜，近取諸身，遠取諸物，於是始作八卦，以通神明之德，以類萬物之情。"

這段傳文表明，用八卦之圖象反映世間萬物和人體自身的形象，是認識世界的重要途徑。"天地變化，聖人效之。天垂象，見吉凶，聖人象之。"(《系辭上》)所謂"效之"和"象之"，正是要求以形象的方式去把握客觀世界動態之象。

(2)肯定形象思維能夠通向世界的本質和規

律。《系辭下》說：“八卦以象告，爻彖以情言。剛柔雜居，而吉凶可見矣”。認爲八卦能以形象的方式告知人們天地人事的變動之理，其認識論價值與利用語言文字的卦辭爻辭各有千秋，可謂異曲同工。故通過陰爻和陽爻在六個爻位上的交錯排列（“剛柔雜居”），可清晰地顯示出吉凶悔吝的道理和未來的禍福。而八卦的設立和剛柔爻畫的相推，是建立和運用圖象模型的過程，也是形象思維的過程。肯定卦象的價值，也就是肯定形象思維的作用。

《系辭上》說：“蓍之德圓而神，卦之德方以知，六爻之義易以貢。”晉韓康伯：“貢，告也。”（《周易正義》）在這段話中，《易傳》作者明確指出，卦象有認知世界規律的功能，六爻通過剛柔變易，可將萬物運動之理表達出來。而卦象正是聖人“擬諸其形容，象其物宜”的結果，亦即對客觀事物進行形象思維的結果。這就意味着通過形象思維可以把握事理和預測未來，能夠獲得對世界本質的瞭解。

（3）發現形象思維有廣泛的用途。《系辭下》說：“包犧氏設，神農氏作，斲木爲耜，揉木爲耒，耒耨之利，以教天下，蓋取諸《益》。日中爲市，致天下之民，聚天下之貨，交易而退，各得其所，蓋取諸《噬嗑》。”“黃帝、堯、舜垂衣裳而天下治，蓋取諸《乾》、《坤》。刳木爲舟，剡木爲楫，舟楫之利以濟不通，致遠以利天下，蓋取諸《渙》。”這裏所述聖人觀卦象而有所作爲，誠然多是附會之辭，但是裏面含着一個重要觀點，就是認爲除了前面提到的世界規律的認識之外，在生產技術、工具器物、市場交易、社會管理、風俗禮儀、書契文字等等各個領域的發明創造，也都需要形象思維，通過圖象模型，借助想象和形象的聯想，才有可能。用《易傳》自己的話說，就是“以制器者尚其象”（《系辭上》）。當然，從《易傳》所舉各項事例來看，尚其象者遠遠不止於利器。

（4）强調形象的把握大於、優於語言文字的把握；提出以形象爲主導，形象與語言文字相結合，是認識世界的最好方式。

《系辭上》說：“書不盡言，言不盡意。”“聖人立象以盡意，設卦以盡情僞，系辭焉以盡其言，變而通之以盡利，鼓之舞之以盡神。”《易傳》作者天才地發現，文字不能充分表達語言，因爲文字不像語言有聲調情感；而語言也不能將人的思想和客觀的事理完美地全面地表達清楚。在他看來，唯有形象的東西才能完成“盡意”和“盡情僞”的神聖使命。

語言文字通過概念之間的聯繫，發揮表達和認識的功能。概念作爲抽象思維的細胞，的確有其先天不可克服的局限性。因爲抽象思維把現實中聯結在一起的一個對象的各個環節彼此分隔開來考察。用概念即語言文字描述事物時，總是難於將對象的生動的全貌，即整體表達出來，總要舍掉其許多特殊方面。對於語言文字與現實事物之間的這種差距，《易傳》作者儘管没能做出理論的解釋，然而確實意識到了。

因此，《易傳》主張反映世界以卦象爲主，語言文字爲輔，把卦象與文字結合起來使用。這實際上把形象思維放到了首位，同時要求形象思維與抽象思維協調起來，共同發揮作用。《易傳》的這種看法有合理的深刻的方面，但顯然亦有片面性。它没有進一步認識到，形象的反映固然有優於概念的方面，然亦有不可克服的局限性。概念的反映形式固然有其缺點，然又爲把握事物深層本質、準確地反映事物的一般性所不可缺少，而形象思維無法企及。因此，形象思維和抽象思維本來是相得益彰、對立互補的關係。在認識的某一階段可能以形象思維爲主，在另一階段，又以抽象思維爲主，然而從科學認識的長河來看，二者無所謂主次。《易傳》抬高象、貶低書和言的片面做法，對中國古代科學的發展產生了不利的影響。尤其是到近代，這種觀點的消極作用就更爲突出了。

但是，藝術創作的過程，無疑要以形象作爲思維的最後成果。《易傳》關於"象"大於、優於"言"的思想，促使中國的藝術家追尋意在言外，象外之意的藝術境界，力求將抽象思維寓於形象思維之中，因而中國傳統藝術作品往往給人以空靈雋永、餘音繞樑的美學感受。

注釋

❶《一般系統論》（General System Theory），北京，社會科學文獻出版社，1987年版，第135頁。

❷《周易大傳今注》，濟南齊魯書社，1979年版。

59

儒家社會管理學

過去人們多將儒學作爲剝削階級的統治術來看待，而往往忽視了它作爲一門古老的社會管理學的科學價值。儒學從中國古代的實際出發，應用傳統的系統觀，尋找將不同等級的人們協調起來，使社會成爲一個和諧整體的方法。它所包括的一切，都服從這一總的目標。如果說中醫學是世界上最早的人體控制論，那麼儒學可說是世界上首先問世的社會系統學。自西漢以來，儒學一直是封建統治者主要依靠的思想體系。中國封建社會壽命很長，是世界上最發達、最開明、最富於活力的封建社會。正是在封建時代，中國的科學技術曾領先世界十幾個世紀。這一切，無可否認地與儒家的社會管理理論有一定的聯繫。

一、社會管理的核心是人

孔子生於春秋末年，那時"禮崩樂壞"，諸侯混戰。孔子一生，開辦私學，周游列國，整理典籍，提出了許多主張和見解，其實都是圍繞如何使社會由無序變爲有序這個主題。

依據儒家學説，對社會的管理，説到底是對人的管理。因此，對人的研究構成儒學的理論基礎。孔子説："道不遠人，人之爲道而遠人，不可以爲道。……故君子以人治人，改而止。"（《禮記·中庸》）意思是治世之道即治人之道，必須以關於人的道理來治人，離開對人的研究，就談不到治世。衆所公認，孔子以"仁"學作爲他全部思想的核心。何謂"仁"？孔子自答："仁者，人也。"（同上）就是説，"仁"是關於人的學説。孔子以後，孟、荀以至《禮記》的作者和漢代董仲舒，都對人、對人性作了許多研究。誠然，諸子百家普遍關心"人"的問題，這是中國古代學術的特點之一，但是，比較起來，儒家對人的研究是最深入的。説儒學本質上是人學，這話不錯。

人的問題成爲春秋戰國時期政治家學問家共同關注的議題，不是偶然的。在人類的發展史上，人對自己的認識是一個逐漸深入的過程。隨着每一次生產力的巨大飛躍和社會關係的深刻變革，作爲歷史主體的人，對於自己的力量、命運以及在宇宙和社會歷史中的地位，都會作一次新的認識和反省。

人的問題就會以與當時社會發展程度相應的水平和本民族特有的方式，而被提出來。春秋戰國正是這樣一個特殊的歷史時期。儒家的社會管理學恰正鮮明地體現了這一時期的特徵。

儒家對人的研究，其最大的特點是他們從社會的整體出發，而不是像西方傳統的社會歷史觀那樣，從個體的人出發。他們清醒地看到，人是社會的真正的基礎，是構成國家的第一位的要素，正是在這個意義上，他們十分重視人，認爲人比土地、財貨更重要。如果老百姓都逃亡他國了，也就無所謂對社會的治理了。儒家認識到社會整體對其構成要素的依賴，但是他們立足於整體。重視個體的人，是爲了成就社會整體的管理。故孟子說："得其民，斯得天下矣。""得其心，斯得民矣。"（《孟子・離婁上》）認爲能否爭得人心是社會管理成敗的關鍵。

儒家研究人的第二個特點是，他們强調人的社會性，從人的社會關係即結構關係出發，來把握人的特質。偏重考察事物的關係和結構，是中國古代傳統的思維方式。儒家鮮明地以這種思維方式研究人和社會，認爲社會是一個等級結構體，最上面的結構是"天下"，其下是"國"，再下是"家"，底層是"人"。這四個層次有同構性，它們都由君臣、父子、夫婦、兄弟、朋友五大關係所維繫。每一個“人”都處於這五大關係之中，而又由“人”構成了“家”，由“家”構成了“國”，由“國”組成了“天下”。孟子説：“天下之本在國，國之本在家，家之本在身。”（《孟子·離婁上》）這句話代表了儒家對天下、國、家和個人之間關係的總的看法，認爲上層結構以下層結構爲構成的根底，而且可以按這種關係層層下推。據此，儒家提出了他們關於社會管理的邏輯次序，認爲管好個人是管理好社會的起點。他們説：“古之欲明明德於天下者，先治其國；欲治其國者，先齊其家；欲齊其家者，先修其身；欲修其身者，先正其心；欲正其心者，先誠其意；欲誠其意者，先致其知；致知在格物。物格而後知至；知至而後意誠；意誠而後心正；心正而後身修；身修而後家齊；家齊而後國治；國治而後天下平”。（《禮記·大學》）這就表明，依據儒家理論，社會這個多層結構的自組織過程由最低一層，也是構成社會系統的最小單位開始，然後一級一級向上升，最後達到全社會的有序。這是一個由局部到整體的綜合過程。在這個社會系統的組織過程中，個人的學習和修養起決定作用。

關於個人修身對於治理天下的重要意義，《呂氏春秋·先己》記載有孔子與子貢一段對話：

“詩曰：‘執轡如組。’孔子曰：‘審此言也可以爲天下。’子貢曰：‘何其躁也？’孔子曰：‘非謂其躁也，謂其爲之於此，而成文於彼也。聖人組修其身，而成文於天下矣’。”

“執轡如組”說的是，“御者執轡於手，調馬口之和，而致萬里”（高誘），這一過程有如織匠以手的嫻熟動作控制彩綫，織出美麗的紋理。孔子認爲，聖人通過自己的修身，可以引導天下人修身，從而達到天下大治。這種想法固然有天真幼稚之處，但是這個比喻生動地說明，儒家確實認爲個體的人與社會整體存在着同構性，有如織匠手的動作與所織出紋理的相似關係那樣，並且正是依據這種同構關係，尋找提高社會有序度的機制。

那麼，人爲甚麼必須進行格物致知、正心誠意的修養呢？儒家認爲人的天賦本性與有秩序的正常的社會生活有矛盾，必須通過修身，使人適應正常社會生活的要求，亦即遵守君臣父子夫婦等倫理規範。在這裏，我們看到儒家人性論與西方人性論的重要區別。後者論述人類本性的目的，是要求得社會對個性和個人權利有更多認可，是要人們與束縛個性發展的各種社會規範進行抗爭；儒家研討人性的目的，無論性善論、性惡論，以及董仲舒折中二者的性爲“天質之樸”說，都是爲了論證人進行道德修煉，接受教化的必要性和可能性，而教化的結果，是要個人更好地服從社會規範，把個性納入到社會整體之中。在此基礎上，使人和人之間達到和諧統一。

如孟子堅持性善論，主張人之本性生來固有仁、義、禮、智四端，但是許多人貪圖小利，不知對其保養，而將其丟失了，所以須要"求其放心"（《孟子・告子上》）。荀子主張性惡論，認爲"目好色，耳好聲，口好味，心好利，骨體膚理好愉佚，是皆生於人之情性者也。"（《荀子・性惡》）若順此性，必生爭奪暴亂，令社會瓦解，故必須對人"化性而起僞"。可見，儘管性善論性惡論的表現形式不同，其社會目的是相同的，只不過前者着重說明了對人施以教化的可能性，後者則強調了對人進行教化的必要性。而施行教化的根據都在於承認人與社會存在矛盾。關於人與社會的矛盾的揭示和論證，是儒家對社會學理論的一大貢獻。

然而從"人皆可以爲堯舜"（孟子），"塗之人可以爲禹"（荀子）這些論斷又可看出，儒家對教化能夠成功，即調節好人與社會的矛盾，充滿信心。

儒家人性論與西方人性論的差別，是時代的和階級的差別，同時也顯示出兩種不同的思維方式。

前者强調整體對個體的統攝，認爲個體只有被納入到系統整體之中去，才具有自己的意義。後者則着眼於個體，强調必須對整體進行分解，必須尊重個體的獨立價值。唯有如此，整體也才能發揮自己應有的作用。應當看到，這兩種思維方式各有自己的長處和短處，不可偏執一端。

二、社會“分工”與角色“合作”

要使人們能夠過井然有序的社會生活，或者說，社會系統要形成並保持一定的組織水平，依照儒家的理論，必須做好“分”與“和”兩個方面的工作。“分”與“和”是使社會系統既具有一定結構，同時又能保持穩定而不瓦解的兩個基本要素。所謂“分”，包括等級的劃分、社會分工和倫理規範中規定的所有其他劃分，如父子、長幼、男女的分別等等。社會分工主要指管理者（從事腦力勞動）和被管理者（從事各種體力勞動）要有明確的劃分。所謂“和”，就是要求在各種社會規範中處於不同位置的人們和親相敬，分而合作。

孟子對許行否定分工的批判，有力地論證了要把社會管理好，必須有執行社會管理和研究社會管理的專門人員，必須將社會管理工作與其他職業劃分開來，獨立出來，並理應由從事物質生產的勞動者爲管理人員提供生活資料。他說：

“然則治天下獨可耕且爲與？有大人之事，有小人之事。且一人之身，而百工之所爲備，如必自爲而後用之，是率天下而路也。故曰：或勞心，或勞力；勞心者治人，勞力者治於人；治於人者食人，治人者食於人，天下之通義也。”（《孟子·滕文公上》）

孟子從一般社會分工的不可避免，證明社會管理工作和腦力勞動專門化的必要是很有說服力的。因爲沒有這樣的“分”，人們就會忙亂一團糟（“率天下而路也”），實際上就要倒退到野蠻時代。但是孟子把“大人”與“勞心”，“小人”與“勞力”等同起來，這樣就將體腦分工與階級劃分混淆在一起了。在階級社會裏，體腦分工與階級劃分有交錯關係。剝削者一般總是兼作管理工作，從事一定的腦力勞動，但是並不能因此而把體腦分工和階級劃分看成是一回事。由於時代局限，孟子的這一錯誤是整個儒家都難於避免的。

荀子比孟子站得更高，他從更一般更廣闊的意義上，從人與動物的根本差別上，論證了社會必須有所“分”，同時又必須有所“和”。他說：

“水火有氣而無生，草木有生而無知，禽獸有知而無義；人有氣，有生，有知亦且有義，故最爲天下貴也。力不若牛，走不若馬，而牛馬爲用，何也？曰：人能羣，彼不能羣也。人何以能羣？曰：分。分何以能行？曰：義。故義以分則和，和則一，一則多力，多力則强，强則勝物。（《荀子・王制》）

荀子把"羣"當作一個歷史學和社會學的概念提了出來，有重大的理論意義。他所謂"羣"，顯然不是烏合之衆，而是一個有秩序的結構體。荀子的偉大之處在於，他指出這個結構體形成的前提在於"分"，在於分中有"和"。由於有了"分"與"和"，衆多的人就形成了一個有序程度更高的系統，從而產生出較無序（或有序程度低）狀態要强大得多的能力，這就是人之所以能夠高於萬物，裁奪萬物的根源。

關於人不"分"則不能形成有秩序的社會羣體，荀子還從人與社會的固有矛盾的角度做了具體分析和論證。

在《荀子・富國》篇中，他指出人的聰明才智有別，若不把才能高、見解正的人選拔出來，提供條件讓他們有所成就，建立威信，也就不可能在羣衆中產生領袖，形成君臣、上下的治理關係。於是人們必定爲了財物而爭奪起來，出現强凌弱，衆暴寡，老少無人撫養，功業無從建立的局面。甚至不得正常婚嫁，而發生“爭色之禍”。荀子關於君臣等級制度形成原因的分析顯然是錯誤的，不過他指出，“分均則不偏（徧），執齊則不壹，衆齊則不使”，“兩貴之不能相事，兩賤之不能相使”（《王制》），在當時是合理的。認爲要建立良好的社會秩序，產生戰勝自然的偉力，“則莫若明分”，這一原則至今仍然閃爍着科學的光輝。

關於社會管理必須堅持“分”與“和”的原則，其實已經涵納在孔子的學説中。如他主張爲政必須維持君臣父子的倫理差別，同時又提出“禮之用，和爲貴”（《論語・學而》），“君子矜而不爭，羣而不黨”（《衛靈公》），等等。孔子的仁涉及的方面的確很多，但歸納起來，可以將他論仁的主要言論，大致分爲兩類，一類是要求人們遵守禮制，服從倫理規範，另一類則要求關心民衆，和睦相處，普遍地愛人。前一類如：“克己復禮爲仁。”“非禮勿視，非禮勿聽，非禮勿言，非禮勿動。”（《顔淵》）後一類如：“樊遲問仁，子曰：‘愛人’。”“仲弓問仁，子曰：‘出門如見大賓，使民如承大祭。己所不欲，勿施於人。在邦無怨，在家無怨。’”（《顔淵》）前者强調“分”，後者强調“和”。可見，孔子創立“仁”這種道德精神，正是希望人們從内心產生將此二者統一起來的欲求，希望統治者認識到，這兩個方面對於管理好社會是必不可少的，必須處理好它們的關係。

"分"與"和"的對立統一是中國古代哲學的傳統觀念，西周末史伯說："以他平他謂之和"（《國語·鄭語》）。"和"就是對矛盾加以調解和限制，使矛盾雙方的關係達到一種理想狀態。在此狀態中，矛盾雙方不是相互敵對，而是相互調節，既保持一定分別，又不超出一定限度，能夠做到相互補足，相互約制，相反相成，在整體上出現協調統一。孔子把這一思想應用於社會管理，認爲君臣父子，上智下愚的區別不可脫離人們之間普遍的相親相愛，所以儒家主張"四海之內皆兄弟也"（《顏淵》）。但是同時愛必須有差等，以"親親"爲原則，不能越過禮的界限，因爲體現"分"的禮是形成社會秩序的基礎。所謂"君子和而不同"（《子路》），意即"和"決不意味取消倫理差別。中國哲學認爲只有這種分中之和、和中之分才能在整體上產生新的更高的品性，使事物繁茂昌隆。孔子的仁學正是要追求這樣一個社會整體的目標。

後來，孟子把孔子的"仁"發展爲"仁政"，仍然貫徹了將人的"分"與"和"統一起來，求得社會整體繁榮的精神。前面已經提到，他十分强調等級劃分和職業分工的必要，同時又告誡統治者必須"與民同樂”（《孟子·梁惠王下》）。他反對梁惠王“曰利”，並非不注重物質利益，不考慮經濟效益，而是認爲單純講“利”，就會出現人人只從自己的私利出發，“分”而不“和”，以致“不奪不饜”（《梁惠王下》）。這樣社會整體的功能就會喪失，國家就要衰弱。他認爲只有實行仁政，使“和”與“分”相融洽，人人（首先是君主）把維護社會整體結構關係置於首位，通過整體結構的協調作用，讓民衆安居樂業，才能出現“財不可勝用也”（《盡心上》）的昌盛局面。

那麼如何才能實現“仁”的主張使社會既有所“分”又有所“和”呢？儒家認爲“禮”和“樂”是實現這一目標的兩大槓桿。孔子說：“立於禮，成於樂。”（《論語·泰伯》）《禮記》對此作了進一步闡發：“樂者，天地之和也；禮者，天地之序也。和故百物皆化，序則羣物皆別。”“樂者爲同，禮者爲異。同則相親，異則相敬。……禮義立則貴賤等矣，樂文同則上下和矣。”（《樂記》）

周禮的原型可以追溯到原始氏族社會的禮儀巫術。後來，到了西周，禮演變成爲一套十分繁瑣的標示血緣關係和等級差別的儀節規範和典章制度，它們有一定的強制性，成爲維持等級制社會秩序的手段。每個人的社會地位和從屬關係；在社會生活中將通過不同的禮儀表現出來，儒家主張把禮制作爲一種管理形式繼承下來，所以説“禮義立則貴賤等矣”，“禮達而分定”（《禮記·禮運》）。

樂包括聲樂、器樂、舞蹈和詩歌，表演時人們穿戴着有紋理彩繪的服飾，手持具象徵意義的舞具。“故樂者，審一以定和者也，比物以飾節者也，合奏以成文者也。”（《荀子·樂論》）音樂和舞蹈雖然是由衆多疾徐、高下、短長各不相同的音符和動作組成，但它們按照一定的音律編排，摹仿天地自然的和諧，卻構成一個具有統一節奏的協調整體。在儒家看來，樂是最高尚最典型的分中求和的體現物。“故樂在宗廟之中，君臣上下同聽之，則莫不和敬；閨門之内，父子兄弟同聽之，則莫不和親；鄉里族長之中，長少同聽之，則莫不和順。”（《樂論》）宗廟之音，一唱而三嘆，具有很强的感召力。儒家希望被劃分爲等級的人能像構成音樂的不同音調（五音、六律）那樣協調起來。

儒家主張的禮樂，固然包含着對周朝禮樂繼承的一面，但是已與周朝禮樂有了很大的不同，主要表現在儒家的禮樂須以仁爲精神内涵。這是以前的禮樂所沒有的。孔子説：“人而不仁，如禮何？人而不仁，如樂何？”（《論語·八佾》）可見儒家更爲重視禮和樂所體現的思想内容。孔孟以後，禮樂作爲教化手段的意義在儒家學說中變得更爲突出。

禮樂爲甚麼能對人產生教化作用？儒家利用古代的心理學對此問題作了探討。儒家將處於社會關係中的人分爲外和內兩個方面。內指人的心理活動，包括"喜、怒、哀、樂、愛、惡、欲七者"，謂之"七情"。"喜怒哀樂之未發，謂之中。"（《禮記·禮運、中庸》）外指人的言行。人的言行受內心支配，乃是其內在心理活動的外部表現。所以說，"誠於中，形於外。"（《大學》）"和順積中，而英華發外。"（《樂記》）人是內外表裏相互貫通的統一體。儒家還指出，七情並非自生，也不固定。"夫民有血氣心知之性，而無哀樂喜怒之常，應感起物而動，然後心術形焉。"（《樂記》）肯定人的行爲是以心理活動爲中介而對外物刺激的反應。人的心性原是一張白紙，只具有產生心理活動的可能性，而人的喜怒哀樂即現實的心理活動是在外物的刺激下形成的，由外物所決定，故曰"人心之動，物使之然也，感於物而動"（同上）。這就表明，人的心性與外物有密切聯繫，能夠接受外部世界的感召和影響。

禮的構成包括遵守一定範式的動作和儀節，"雕琢刻鏤，黼黻文章"的服飾、祭器、儀仗和用品，以"鐘鼓管磬琴瑟竽笙"裝備起來的樂隊的演奏，以及由這一切所造成的特殊氛圍。可見禮既是典章制度，同時又是一種傳統的文化，一種獨特的精神文明。孔子説：“禘自既灌而往者，吾不欲觀之矣。”（《論語・八佾》）表明人們在舉行禮儀的過程中，不光是按規定去做演示，而且還對禮儀本身進行欣賞，產生愉悦的内心感受。就是説，儒家主張人不應作受禮擺弄的對象，而要作完成禮的主體。這樣由禮儀所顯示出來的各種社會關係的差別，和種種社會規範，能夠使人在默默遵守之時，既感到必須服從的威嚴，又感到自己在人格上受到了尊重，不是被迫服從，而是人心歸服。所以“禮辨異”的同時，又涵納着“和”的精神。正是因此，禮作爲一種氣氛莊嚴濃重，而又親切自然爲人樂意欣賞的外物刺激，勢必由表及裏，感動人的内心，使人從内心產生對自我的節制。這是一種潛移默化的陶冶。“故禮之教化也微，其止邪也於未形，使人日徙善遠罪而不自知也。”（《禮記・經解》）“故禮者，養也”（《荀子・禮論》）。禮在儒家看來是一種教養。

至於樂，儒家利用同氣相求、同類相動的理論來解釋其對人的影響。荀子説：“施薪若一，火就燥也；平地若一，水就濕也。草木疇生，禽獸羣焉，物各從其類也。”（《勸學》）董仲舒在其《春秋繁露》中有以《同類相動》爲篇名的專論。他說："百物去其所與異，而從其所與同，故氣同則會，聲比相應。""美事召美類，惡事召惡類，類之相應而起也。"儒家與陰陽家都認爲同類屬性的事物，有相互感應，相互召引的功能，因此美好的和音必定在人心中喚起和順親敬的情感，使人去惡從善。荀子說："凡奸聲感人，而逆氣應之，逆氣成象，而亂生焉。正聲感人，而順氣應之，順氣成象，而治生焉。"（《荀子・樂論》）有共同點的事物能夠通過特殊媒介相互感應，是世界上普遍存在的現象，儒家上面的解釋有合於科學的成分。

三、君、臣、民的權力生態

儒家認爲人類社會就像一個人的身體一樣，要做到上下左右協調一致，才算達到最佳管理。爲此，光有禮樂是不夠的，必須採取一些具體措施，處理好君主、臣下和民衆三者的關係，將"分"與"和"原則進一步化爲社會的實際管理機制。

1. 君爲國之樞機，同時也要受到約制

"民以君爲心，君以民爲體。"（《禮記・緇衣》）"君人者，國之元，發言動作萬物之樞機。樞機之發，榮辱之端也。失之毫厘，駟不及追。"

（《春秋繁露・立元神》）儒家意識到，在君主握有無尚權力的社會，如果君主本人犯有過失，就會帶來嚴重惡果。因此必須給君主以一定約制，使其少犯錯誤，更不得胡作非爲。

首先，儒家提出，君主必須帶頭"修身"。所謂"修、齊、治、平"的自組織過程，要以君主的自我修養爲衆人修養的起點。因爲君爲一國之鎮，衆目所歸，有極大的影響力。孔子説：君主"其身正，不令而行；其身不正，雖令不從。"（《論語・子路》）孟子也説："君仁，莫不仁；君義，莫不義；君正，莫不正。一正君而國定矣。"（《孟子・離婁上》）

其次，君主的身正既然如此重要，儒家要求君主在繼承父位之前，必須接受良好的教育。《大戴禮記・保傅》篇追述殷周歷史，對於天子做太子時所應受的教育作了詳細論述。

太子周圍設有太保、太傅、太師、少保、少傅、少師六名近臣，嚴格掌管太子的生活和學習。到一定年齡，太子必須入小學、東學、南學、西學、北學、太學六學學習管理社會的知識。"及太子既冠，成人，免於保傅之嚴，則有司過之史，有虧膳之宰。太子有過，史必書之，史之義不得不書過，不書過則死；過書而宰徹去膳。夫膳宰之義，不得不徹膳，不徹膳則死。”太子有過失，一定要記錄在案，以備查考，並以撤去飲食作爲懲戒。

尤其引人注目的是，儒家甚至主張對太子的教育要從胎兒時即開始：“青史氏之記曰：古者胎教，王后腹之七月，而就宴室。太史持銅而御戶左，太宰持斗而御戶右。比及三月者，王后所求聲音非禮樂，則太師緼瑟而稱不習。所求滋味者非正味，則太宰倚斗而言曰：‘不敢以待王太子。’”“周后妃任成王於身，立而不跂，坐而不差，獨處而不倨，雖怒而不詈，胎教之謂也。”（《大戴禮記・保傅”）另外，西漢賈誼著《胎教》篇❶也論及此事。

第三，受過良好教育的天子，當其執政之時，也難免犯錯。故此，儒家認爲應像堯舜那樣，設立“進善之旍”、“誹謗之木”、“敢諫之鼓”，允許民衆對天子直接提出批評和建議。同時在天子左右設置有權威的輔弼之臣，“絜廉而切直，匡過而諫邪”，“拂天子之過”（同上）。如果君主嚴重失職怎麼辦？在這個問題上，思想最激進的要數孟子了。他曾明確表示，對於“貴戚之卿”，“君有大過則諫；反覆之而不聽，則易位。”對於“異姓之卿”，“君有過則諫，反覆之而不聽，則去。”《孟子・萬章下》看來，儘管孟子沒有超出“家天下”的觀念，但他認爲臣下有權改換或離棄不稱職的君主，而不算越禮。

第四，論證天人感應，以天壓君。如董仲舒警告君主，若違逆禮義觸犯天威，將受到天的責備和懲罰。他說："凡災異之本，盡生於國家之失。國家之失，乃始萌芽，而天出災害以譴告之。譴告之而不知變，乃見怪異以驚駭之。驚駭之而不知畏恐，其殃咎乃至。"（《春秋繁露·必仁且知》）希望假借天意防止君主濫用權力。

2. 君主應主動愛護臣民

君與臣，君臣與民衆都存在着深刻的矛盾，實際上常常處於對立之中。儒家爲自己規定的任務之一，就是設法將這種矛盾關係調整到盡可能協調的狀態。儒家認識到，雖説禮制社會是自上而下的單向控制，但是上層與下層的作用關係卻是相互的。

由於人有人格自尊和生理慾求，下層對上層的支配絕不會像工具那樣漠然接受，要怎樣就怎樣。孟子説："君之視臣如手足，則臣視君如腹心；君之視臣如犬馬，則臣視君如國人；君之視臣如土芥，則臣視君如寇仇。"（《孟子·離婁下》）統治者與民衆的關係亦是如此。荀子説："有社稷者而不能愛民，不能利民，而求民之親愛己，不可得也。"（《荀子·君道》）儒家懂得，人和人的關係，由於特殊的心理作用，表現爲互爲因果的遞進關係，人們只會敬愛那些敬愛他們的人。正是基於此，居於領導地位的人必須採取主動。爲君者要隆禮敬士，尚賢使能，興民利，薄賦斂。“節用而愛人，使民以時。”（《論語・學而》）荀子明智地指出，在君臣、父子、夫婦、兄弟這些重大倫理關係中，不可只規定一方，放縱另一方。爲臣者固須忠順，爲君者更要“以禮分施”；爲子者固須“敬愛而致恭”，爲父者更要“寬惠而有禮”。“此道也，偏立而亂，俱立而治。”（《荀子・君道》）只有對雙方都加以適當約束，才能使等級秩序得到協調和控制。

爲了使人際關係更爲和諧，儒家還要求君子必須注意待人處世的修養，並在這方面下了大功夫加以研究，如“出門如見大賓，使民如承大祭。”（《論語・顏淵》）“過，則勿憚改。”（《學而》）“侵潤之潛，膚受之愬，不行焉，可謂明矣。”（《顏淵》）“高上尊貴不以驕人，職明聖智不以窮人，齊給速通不爭先人，剛毅勇敢不以傷人。”（《荀子・非相》）等等。目的是通過謙恭辭讓的態度和良好正直的作風，建立一種親敬和睦的氣氛，使人們彼此協同融洽。儒家深知建立良好的感情，相互取得信任和諒解，對於推進事業和維護社會系統的穩定會起重要作用。在上下級之間如果不能建立信任關係，那麼無論甚麼正常的社會活動就都難於開展，以致社會羣體失去應有的作用和功能。

3. 建立相互調節的管理結構

春秋至西漢，是自然科學迅速發展的時期。學者們觀察到，自然界的一些事物往往是在相生相剋中，達到協同合作的效果。如生物軀體各器官之間的關係就是這樣。《大戴禮記・易本命》篇說："四足者，無羽翼。戴角者，無上齒。"正是生物機體構成的這種相關制約關係，使得它們能夠在整體上協調配合，較好地適應生活環境。這些發現與戰國時期逐漸成熟起來的陰陽五行學說是一致的。古代醫家應用這些觀念研究人體，確認人的身體可大致分爲五個分系統，分別由肝、心、脾、肺、腎五臟統領。這五個分系統之間有如木、火、土、金、水五行一樣，具有相生和相勝的關係，形成一個穩定的具有內在調節能力的整體結構，因而能夠抵禦外邪的侵擾，維持人的正常生命活動。

漢儒把這些思想移植過來，用以研究社會系統的管理，進一步尋找使君、臣、民達到協調統一的機理。其研究成果主要反映在董仲舒的《春秋繁露》和《賢良對策》之中。這些成果包裹着不少神秘主義和附會的成分，但也顯露出一些有價值的思想。

依照董仲舒的理論，社會管理也分爲木火土金水五個方面：司農（主管錢糧）、司馬（主管兵事）、司營（主管宮庭事務）、司寇（主管刑獄）和司徒（主管教化）。此五方面之間存在着相促進、相制約的關係，社會管理者應當設法使這些本來具有的調節關係充分發揮出來，並使其更加完善。這樣，就可以提高社會系統的穩固性和秩序性，即使某個管理環節出現故障，整個社會系統仍能通過各部分之間的相互調節而正常運轉。董仲舒關於各政府機關之間應建立制約和協調關係的設想是十分天才的，它不僅大大超過了先秦諸子，對今天社會管理的改革，也具有啓發意義。

四、語言的社會功能

人的天然語言是社會通信的主要工具。從某種意義上講，語言就是通信的別稱。孔子對於語言和語言的社會功能特別重視。他說："興於詩，立於禮，成於樂。"（《論語·泰伯》）孔子爲甚麼將詩與作爲維持社會秩序兩大槓桿、具體顯示仁的博大精神的禮、樂並提呢？他回答說："不學詩，無以言。"（《季氏》）"小子何莫學夫詩？詩，可以興，可以觀，可以羣，可以怨。"（《陽貨》）原來誦習

“詩”，首先是爲了學習語言，也就是掌握通信的本領。至於“興”、“觀”、“羣”、“怨”，可以分別解釋爲“引譬連類”（孔安國）——聯想，“觀風俗之盛衰”（鄭玄）——考察，“羣居相切磋”（孔安國）——討論，“刺上政”（孔安國）——諷刺。孔子要“小子”學習“詩”是爲了具備這四個方面的能力。其前兩者主要係思維活動，後兩者屬思想和情感的交流（通信），顯然都必須以語言工具作爲基礎，因爲沒有語言就不可能有複雜的邏輯思維，也不可能進行內容的交流。聯繫“不學詩，無以言”這句話可以看出，孔子認爲學“詩”可以提高上述四種能力，不僅指“詩”所蘊涵的思想內容對人有教育作用，同時也是指，通過學“詩”獲得了語言通信能力，才有可能去“興”、去“觀”、“去羣”、“去怨”，即進入社會生活，並參予社會管理。看來，正是在語言通信和思想內容的雙重意義上，孔子才把“詩”置於如此重要的地位，視其爲君子修養的第一個項目。

一個民族的語言，必須有統一的語義，即對每一個詞語的意義有公認一致的解釋，否則無法進行準確無誤的通信，以至使社會秩序遭到破壞。維納（Norbert Wiener）在論到法律與通信的關係時說：“即使是人類最大程度的禮讓和自由主義，其自身都不足以保證一部法典公平無私並且行之有效。除了正義的一般原則外，法律必須是明確的、可重複的，以便每個公民都能預先確定他的權利與義務，特別是在它們和別人的權利與義務發生衝突時也能如此。他一定要做到能以合理的明確性來斷定審判官或檢查官處在他的地位上時將要採取甚麼觀點。如果他辦不到這一點的話，那麼，一部法典，無論人們對它想得如何之好，也不足以使他的生活免於爭端和混亂。”❷而要想辦到這一點，首先須要人們在所使用的語言上，具有嚴格一致的語義，就是說，在語言符號（代碼）與其所代表的事物的關係上，公衆有共同的認可。

統一的語義顯然是社會能夠組織起來，並加以良好管理的首要前提。對此，孔子已有了相當深入的體察，表現在他關於正名的主張之中：

> “子路曰：‘衞君待子而政，子將奚先？’子曰：‘必也正名乎！’子路曰：‘有是哉，子之迂也！奚其正？’子曰：‘野哉，由也！君子於其所不知，蓋闕如也。名不正，則言不順；言不順，則事不成；事不成，則禮樂不興；禮樂不興，則刑罰不中；刑罰不中，則民無所措手足。故君子名之必可言也，言之必可行也。君子於其言，無所苟而已矣’。”（《論語・子

路》)

這段話的大意是，子路問孔子，如果孔子到衞國去治政，“第一件事要做甚麼？”孔子説，首先要匡正名詞概念(名)上的混亂，使每一個詞都有確定的含義，使詞與詞之間有明確的界限(正定名分)。孔子認爲，如果名詞概念的含義不確定，説話就不能清楚表達心志，不能準確説明事物之間的關係(“言不順”)。這樣就甚麼事情都辦不成，因而禮樂不能復興，刑罰不會得當，以至民衆不知所從。原因就在於詞義不確定，造成禮和刑的規定條文可做多種不同的解釋。正是因此，孔子對於託爲奇辭，言僞而辯，故意把詞義搞混亂的人深惡痛絕。他多次提出，治理國家必須“遠佞人”(《衞靈公》)。所謂“佞”人，即花言巧語，善於詭辯，從而把事情搞亂的人。《禮記・王制》篇則明確規定：“析言破律，亂名改作，執左道以亂政，殺。”不管孔子和儒家其他代表人物的政治立場如何，他們看到，一個國家要想由混亂達到有序，其所通行的語言，必須具有確定和統一的語義，是完全正確的。

“正名”除了上面的意思以外，還應包括根據事實，對含義不當、不確切(不論是由於事實的變化，還是由於人們認識的深化所引起)的名詞概念的加以糾正，或制定新名。正如荀子所説：“若有王者起，必將有循於舊名，有作於新名。”（《荀子・正名》）儘管正名應當包含這層意思，但正名所要達到的主要社會效果，仍然在於使語義確定統一。因爲只有作到這一點，語言才能成爲進行社會通信的可靠工具。而且，以實正名本可納入到使語義確定統一的過程之中，作爲確定和統一語義的方法和標準。當然，統一語義也可採用別的標準，如以“舊名”爲準，等等。因此，以實正名這一層含義實際從屬於使語義確定統一的過程。

孔子說，“名不正，則言不順。”表明他正名是爲了使語言順理成章，因爲言（言語）由名所組成。可見，在這裏他關注的不是“名”和“言”的真假（是否符合事實），而是“名”與“言”的對錯（“名”的用法是否一致；説話是否符合邏輯）。孔子顯然並沒有在認識論的範圍内觸及“名”與“實”的關係，而只是把正名限制在語言學的範圍之內。荀子在論述正名的必要性時，也正是强調了語義的確定性和統一性的問題。他說：

“故王者之制名，名定而實辨，道行而志通，則慎率民而一焉。故析辭擅作名以亂正名，使民疑惑，人多辨訟，則謂之大奸；其罪猶爲符節、度量之罪也。故其民莫敢托爲奇辭以亂正名，故其民慤。慤則易使，易使則

公。”（《荀子・正名》）

這裏，“名定”與“正名”雖提法不同，但意義相同。“名定”即名有確定含義。“正名”即有確定含義之“名”。“亂正名”，即設法使名無定。這是造成思想混亂，人多辨訟的根源。

社會的穩定，需要可靠的通信，而這不僅要有確定統一的“名”作爲通信工具，而且要求發出和傳遞信息的人誠實可信。因此，儒家把“信”作爲最重要的倫理道德之一。孔子説：“與朋友交，言而有信。”（《論語・學而》）“人而無信，不知其可也。”（《爲政》）這些話固然是從個人修身處世的角度提出來的，但如果從社會羣體來看，儒家是希望通過相互傳遞真實信息，使社會管理得以正常實施，從而維持良好的社會秩序。正是因此，孔子認爲“道聽而塗説”的作風，必須革除（《陽貨》），因爲這樣傳播的消息肯定是不可靠的。荀子説：“端愨生通，詐僞生塞，誠信生神，夸誕生惑。”（《荀子・不苟》）指出，虛僞的信息會給正常的社會生活造成障礙，建立誠實可靠的信息聯繫才能使聖王之道得以暢通無阻。

另外，依照荀子的理論，君主作爲一國的控制中心，必須同時成爲全國的信息中心。他説：“人主之守司，遠者天下，近者境内，不可不略知也。

天下之變，境内之事，有弛易齵差者矣，而人主無由知之，則是拘脅蔽塞之端也。耳目之明，如果其狹也，人主之守司，如果其廣也，其中不可以知也如是其危也。”（《君道》）意思是，人主的職責是掌管天下，如果對各地發生的事變無法得到了解，就會心中無數，不能實現有效的治理（“拘脅蔽塞”）。然而，君主靠自己的耳目直接獲取信息的能力有限，國家又如此之大，因而必須委任專門的情報官員，幫助君主到全國各地滙集信息：“便嬖左右者，人主之所以窺遠收衆之門戶牖向也，不可不早具也。故人主必將有便嬖左右足信者然後可，其知惠足使規物，其端誠足使定物然後可，夫是之謂國具。”（同上）荀子認爲，一國之君要想把國家治理好，得速速把情報信息工作抓起來。情報官員要具有誠實可信的品質和觀察判斷的才能，他們是進行社會管理必不可少的工具（“國具”）。

五、社會與自然的協調

儒家的社會管理學不僅要實現社會系統内部的協調，而且還要達到人類社會與自然界的和諧統一。

孔子後學將仁的概念進一步擴充，從“推己及人”發展到“推己及物”，就是不僅要“愛人”，而且要“愛物”。孟子説：“親親而仁民，仁民而愛物。”（《孟子·盡心上》）荀子認爲君子應當“無不愛也，無不敬也，無與人爭也，恢然如天地之苞萬物。”（《荀子·非相》）董仲舒也主張要“質於愛民，以下至於鳥獸昆蟲莫不愛。不愛，奚足爲仁？”（《春秋繁露·仁義法》）衆所周知，儒家對湯網開三面感動諸侯的故事，讚頌不已。這些都表現了儒家泛愛生靈的博大情懷。

泛愛衆生是人的一種同情心理，是人將自愛意識向外延伸，以至推到愛護衆物。這種由類推產生的同情心理，常常以潛意識的形式存在於人們的心中，儒家將它們闡揚出來，並作爲自己的旗幟，這是人類征服自然取得重大勝利後在情感意念上的一種積極表現，同時也是人的自覺水平提高的反映。

儒家提出須愛衆物，與後來佛教泛愛生靈以求來世得救的飄渺意旨完全不同。他們一方面是爲了進一步鞏固他們的仁學，使仁學在理論形態上更徹底，另一方面還具有明顯的管理社會和管理自然環境的實用目的。荀子認爲，要想使自然界爲人類貢獻更多的財富，必須將管理社會的羣道原則推廣到管理自然中去，對自然萬物施以仁的精神，在人與物、物與物之間建立起既相互制約，又相互協同的良好秩序。這一重要思想充分表現在荀子的下面這段話中：

> “君者，善羣也。羣道當，則萬物皆得其宜，六畜皆得其長，羣生皆得其命。故養長時，則六畜育；殺生時，則草木殖。政令時，則百姓一，賢良服。聖王之制也：草木榮華滋碩之時，則斧斤不入山林，不夭其生，不絕其長也；黿鼉魚鱉鰍鱣孕別之時，罔罟毒藥不入澤，不夭其生，不絕其長也。”（《荀子．王制》）

在荀子看來，“羣道當”，包括要在自然界的生態系統中，建立合理的生、制結構，要畜養殺伐不失其時，注意保護自然資源，使“萬物皆得其宜。”他說：“人善治之，則畝數盆，一歲而再獲之；然後瓜桃棗李一本數以盆鼓，然後葷菜、百疏以澤量，然後六畜禽獸一而剸車，黿鼉魚鱉鰍鱣以時別一而成羣，然後飛鳥、鳧雁若烟海，然後昆蟲萬物生其間，可以相食養者不可勝數也。夫天地之生萬物也，固有餘足以食人矣。”（《富國》）“善治”即“善羣”依照荀子的理論，在人的努力下，應當使自然界的萬物都處於分與和的統一之中。通過生物和環境之間的合理的生態結構，達到“昆蟲萬物生其間”，“相食養者不可勝數”的整體效果。儒家對豐衣足食和人類的未來是充滿樂觀的，荀子甚至認爲，只要將“羣道”原則貫徹於社會與自然之中，將來的財貨會“暴暴如丘山，不時焚燒，無所臧之。”（同上）因此他對於墨家關於衣食不足的憂患很不以爲然。儒家的樂觀態度來之於他們相信，在仁的精神指導下，人應當而且能夠與自然同生共存，達到人欲與物產“兩者相持而長”（《禮論》）。荀子與孔孟不同，他充分認識到；要使社會穩定有序，必須有豐足的物產，而且他具體研究了如何增加生產的措施，這就是他的社會管理學和環境管理學。

儒家自覺地把管理社會的原則推及到指導農業生產，是有其理論根據的，這就是他們認爲社會管理原則本來取法於自然，從之於天。孔子說：“唯天爲大，唯堯則之。”（《春秋繁露·奉本》）《禮記》發揮說：“故聖人作則，必從天地爲本，以陰陽爲端，以四時爲柄。”（《禮運》）董仲舒的最大特點正是把這種天人合一的理論推向了極端，使其系統化起來。他認爲在生理構造上，人爲天所生，故“人副天數”。《春秋繁露·人副天數》）在社會管理上，“人生於天，而取化於天”。（《基義》）天有陰陽之序，故人的社會也有陰陽之節。自古以來政府官吏的設置也取法天道。

從《夏小正》、《月令》、《十二紀》以及其他許多先秦典籍可以看出，我們的祖先從人事活動與天象、物候都隨統一的時序運轉這一點出發，自然而然地把人自身看作是自然界大家庭中的一員。人的偉大和尊嚴只在於人是萬物之靈，而並不與自然萬物相隔絕，相對立。當古人意識到人和萬物同源，都爲天地所生之時，就從發生學上更爲加强了人與自然相統一的觀念，從政令必須服從時令這一經驗，他們充分感受到，“與天同者大治，與天異者大亂”（《春秋繁露·陰陽義》）是一條真理。因此，儒家在規定社會管理制度時，就越來越有意識地與天地自然的運行法則聯繫起來。他們從自然法則中尋找社會管理的啓示，同時也把社會法則應用到自然生態環境的管理中去。這中間質樸地利用了相似性原理和類比法，表現了深刻的系統精神。儒家關於保護自然資源，維持生態平衡，建立生物羣體合理結構的思想，關於在人類社會和自然環境之間形成和諧共進關係的思想，在今天尤其具有巨大的現實意義。

六、儒家社會管理學的特點及地位

儒家社會管理學具有如下幾個特點：

1．重視社會的整體調節，並着意利用心理因素，形成了一套較爲系統的方法。

春秋戰國時期，儒家看到社會上充滿了矛盾，如人與社會的矛盾，新（勞動者在一定程度上的解放）和舊（殷周以來的典章制度）的矛盾，統治者（君子）和被統治者（野人）的矛盾，統治階級內部的矛盾以及人類與自然的矛盾等。儒家追求的目標是求得社會的穩態平衡，所以他們對於所有重大的社會矛盾一律採取了調和折中的態度。"仁"學就是調和各種社會矛盾的集中體現。

孔子把其調和矛盾的方法概括爲"中庸"。他對中庸的解釋是："執其兩端，用其中於民。"（《中庸》）這就是說，對於一切矛盾對立的事物，不可偏執一方而壓抑或消滅另一方，而應當使矛盾的雙方都得到扶持（"執其兩端"），同時使它們的差異和對立維持在一個可以調解的範圍之內，通過矛盾諸方面的相互調節相互補足，形成一個相對平衡的統一體。這樣一來，就可以在整體上產生出有利於人的良好效果（"用其中於民"）。中庸就是前面所說的"分"與"和"的統一。

2．在等級制度的範圍內，允許個性發展。

儒家主張以"君臣父子"的等級規範限制人們的精神與行爲，這是一個方面。與此同時，倡導中庸的儒家還主張，把教育普及到民間去。孔子提出"有教無類"，"學而優則仕"，這對每一個人都是適用的。所以不能認爲儒家學說一概抹煞個性。荀子說："我欲賤而貴，愚而智，貧而富，可乎？曰：其唯學乎！彼學者：行之，曰士也；敦慕焉，君子也；知之，聖人也。上爲聖人，下爲君子，孰禁我哉？！"（《荀子・儒效》）表明在儒家的理想社會裏，在遵守禮制的前提下，每一個社會成員都有一定的自由度，可以通過勤勉的學習，改變自己的知識水平、財產狀況和社會地位，即有發展自我的一定可能。儒家認爲等級制度——禮是使人避免爭鬥而歸於有序的唯一途徑，其所要達到的效果絕不光是對人的限制，在他們看來，這是使人有可能顯現自己才能和滿足自己欲求所必不可少的條件。由於允許個人通過努力改變社會地位，這樣，等級界限就帶有了相對性，社會的人才資源就在一定程度上能夠得到開發，使等級制度造成的緊張關係得到某種鬆弛，給社會帶來一定活力。儒家用這種有限的個體自由，作爲嚴格的等級規範的補充，就使他們所主張的禮制帶有了靈活性和彈性。

3. 以血緣關係作爲維繫社會和親的紐帶。

氏族時代的血緣觀念在春秋戰國以至秦漢以後，仍然對社會生活產生很大的影響。這種情況有其深刻的歷史根源。大量考古發現證明，中國以氏族爲基礎的原始社會，創造了令人驚奇的生產力和燦爛文明。例如仰韶、半坡、廟底溝、馬家窑等處出土的數量繁多的精美石器和繪有生動彩色圖案花紋的陶器，有力地説明氏族社會是中國歷史上一個確鑿的黃金時期。

依據古人類發展的普遍法則，禁止有血親關係的社會成員之間通婚，是使古人向新人過渡的重要動力。由此可以推斷，中國古代氏族社會的强盛和高度發展，與他們長時期嚴格遵守這一禁忌有直接關係。正是因此，才使得中華民族的祖先具有比四周部族更爲壯健的體魄和更高的聰明智慧。爲了一絲不苟地執行這一禁忌，必須十分明確每個人的血統歸屬。這就使得人們對於血緣關係，甚至遠隔數代的血統聯繫，都非常重視。因此原始社會以血緣爲紐帶組織起來的氏族家庭就具有了更爲重要的意義。中國漢民族和其他一些少數民族把姓氏標於名字的前面，具有續家譜的習俗，將性道德置於十分重要的位置，等等，這些都可以從中國原始社會曾長期嚴格禁忌血親通婚得到説明。同時，對於氏族家庭的高度尊重，可能是整體觀念和以關係爲本位的思維方式形成的一項重要根源。

儒家的禮制主張，是對中國民族重視血緣關係這一傳統的承認。另一方面，相同血緣引起的情感聯繫，是由遺傳基因所決定的一種先天心理。這種先天心理由於人的自覺意識而大大加强。儒家的禮制也是對人的這種心理特徵的一種利用。儒家强調血緣聯繫，鼓吹孝道和男女之別，在歷史上起過壓抑人性、輕視婦女和阻礙社會發展的消極作用，然而對於民族的健康繁衍，也有一定積極影響。

4．主張人要當作人來管理和使用。對於破壞社會秩序的行爲，要防重於治。

孔子說："道之以政，齊之以刑，民免而無耻；道之以德，齊之以禮，有耻且格。"（《論語·爲政》）這就是所謂注重道德教化的德政。依據德政，對人的管理必須以尊重人爲前提，因爲人有自尊感，有人格廉耻之心，有自覺的能動性。德政主張表現了人的自我實現和對人認識的深化。因此孔子又說："民可，使由之；不可，使知之。"（《泰伯》）在倫理規範内，應讓民衆自由地去做；對於要禁止的事情，須向民衆解釋清楚，使其明白後自覺遵守。

儒家認爲，政令和刑罰是必不可少的，但並不是管理社會唯一的和最好的手段。最好的辦法是通過教化，發揚人的自尊自覺。"禮者禁於將然之前，而法者禁於已然之後。""貴絕惡於未萌，而起敬於微眇。"（《大戴禮記·禮察》）儒家以教爲本，以刑爲末，希望社會成爲一個"不令而自行，不禁而自止"（董仲舒）的理想的自組織系統。

春秋戰國時期，階級和社會矛盾激化，原來的社會秩序已經從整體上被瓦解，各諸侯國爲爭奪霸業，兵戎相見，戰事連綿。在這種情況下，儒家的調和精神，和以禮樂教化爲主要手段的治國方案當然無能爲力。這就是爲甚麼儒學大師們儘管博學多才，在幾百年間奔走游説，卻無人問津。他們不懂得，他們的學説本質上是社會管理學，而不是奪取天下學。而當時正處於社會大變革之際，周天子失去對全國的控制，只有戰爭才能解決問題，所以法家"當今爭於氣力"和"獎勵耕戰"的主張戰勝了儒家，得到秦王的青睞。根據社會系統運動的法則，當急風暴雨式的階級鬥爭和國內戰爭已經過去，社會系統已在整體上穩定下來時，奪取天下學就讓位於社會管理學。這時就應當適應新的形勢，把調節內部矛盾、建立和諧關係放在首位。可惜，秦始皇依照多年戰爭賦與他的慣性，繼續信守法家"冰炭不同器而久"（《韓非子·顯學》）的鬥爭哲學，再加上窮奢極欲，不知修身，無所約束，徹底違背了管理社會的基本原則。結果，重又將社會矛盾激化起來，以致迅速滅亡，使中國再度陷入戰爭。後來，經過漢初五、六十年的黃老之學，到了漢武帝時期，統治者終於認識到，儒家那一套承認矛盾，調和矛盾，維持社會穩定的主張，對於處於和平時期的封建等級社會是再合適不過的。自此，直至封建社會在中國壽終，儒家一直成爲官方正統學術。儒家從其誕生遭受冷遇，到後來戰勝百家，得享獨尊，這是歷史的選擇。

封建社會是一種相對平靜的保守的社會，而今天，是充滿了動盪、變革和飛躍的時代。現代的社會管理學，無疑與過去應當有本質的差別。但是也必須看到，現在是過去的繼續，今天的社會與過去的社會仍然存在着許多共同之處，正如今人和古人在人性上有着許多相同點一樣。因此，曾經在封建時代做出過重大貢獻的儒家社會管理學，仍然包藏着很多值得我們發掘和借鑑的思想財富。這是不應忽視的。

注釋

❶見賈誼《新書》。胎教爲中國人首創，是世界教育史上有重要科學價值的發現。

❷《人有人的用處》（The Human Use of Human Beings），北京商務印書館，1978年版，第84頁。

孫子策略管理思想剖析

《孫子兵法》一書雖然論述的是中國春秋時代的用兵方法，明顯地帶有那個歷史時期的特徵，但是，孫武在總結古代戰爭的特殊經驗時，以超凡的洞察力，深刻地把捉住關於戰爭的許多一般性規律。孫武的最大特點，也是他獲得成功的根本原因，在於他如實地把戰爭當作一個千變萬化的系統工程來對待。因此在揭示一般戰爭規律時，就在一個特殊領域爲人們如何實現各類系統的優化管理作出了示範。這樣，《孫子兵法》就插上了一雙神奇的翅膀，具有了超越廣大時間和空間的魅力。

一、戰略決策三原則

戰略決策，無論對於戰爭，還是對於其他的重要實踐活動，都具有決定性的意義。爲了做好戰略決策，孫子在《計篇》第一、《作戰篇》第二、《謀攻篇》第三連續提出了三項指導原則：

1．“五經”、“七計”、“算”決勝負

孫子認識到，戰爭不是孤立的行爲。它自身是一個由諸多要素構成的系統，同時又處在更大的自然和社會系統之中，故決策時要對影響戰爭的所有重要因素，做綜合整體的考察和比較：

> “故經之以五，校之以計，而索其情：一曰道，二曰天，三曰地，四曰將，五曰法。道者，令民與上同意者也，可與之死，可與之生，民弗詭也。天者，陰陽、寒暑、時制也。地者，高下、遠近、險易、廣狹、死生也。將者，智、信、仁、勇、嚴也。法者，曲制、官道、主用也。凡此五者，將莫不聞。知之者勝，不知者不勝。故校之以計，而索其情。曰：主孰有道？將孰有能？天地孰得？法令孰行？兵衆孰强？士卒孰練？賞罰誰明？吾以此知勝負矣”。（《計篇》）

孫子將決定戰爭勝負的諸多因素歸納爲五個基本方面。所謂“校之以計”而提出的七項比較，是前面“經之以五”的具體化。其中“道”是政治，看民衆與君上的意志能否統一。此爲爭得戰事勝利的首要條件。道之後是天和地，指自然條件。戰爭的勝負無疑受時空系統的制約。“將”指軍隊的高級指揮官。“法”指各種軍制條令。它們對軍事行動能否成功具

有重要意義。

春秋時代人們認爲天、地、人是宇宙系統的三大基本要素，人的任何活動都不可能離開一定的天時和地利。然而依照孫子的理論，事情的成敗主要決定於人，所以他把“道”即“人和”放在“五經”“七計”的首位。在道、天、地之外，强調將和法（也是人的因素）的重要。

《計篇》最後説：“夫未戰而廟算勝者，得算多也；未戰而廟算不勝者，得算少也。多算勝，少算不勝，而況無算乎！吾以此觀之，勝負見矣”。流行的注釋認爲，“未戰而廟算”，就是舉兵前對敵我雙方上述五個基本方面進行估算和比較。預計可勝，是因爲“得算多”，所謂“得算多”，指既有的勝利條件充分。而廟算不勝者，則因主客觀條件不充分，不充分的就不易勝利。依筆者管見，這樣理解並沒有抓住孫子廟算的實質。

廟算即戰略決策，包含相互聯繫的兩層意思：首先按照“五經”“七計”的範圍，對彼己雙方作如實的估量。這種估量極爲重要，但僅是決策的基礎和前提。更重要的是在此基礎上，深思苦慮，運籌謀略，制定具體的作戰計劃。發揚自己的優勢，尋找對方的弱點，變不利爲有利，達到制勝對方的目的。這後一部分工作方是廟算的精華。

孫子在此段結尾說，“吾以此觀之，勝負見矣”；而前面論述“五經”“七計”的那段末後也說，“吾以此知勝負矣”。依照流行的注釋，這兩處知勝負的內含和根據應是一回事。其實不然，“五經”“七計”乃決定戰爭勝負的基本條件。用兵雙方的對比和較量，實際上就是這些基本條件的對比和較量，故“經之以五，校之以計”之後，即可知勝負矣。但這只是就一般性的可能性而言，還不是現實性；只是對既有條件的估量，並非對未來戰爭結局的最後結論。“五經”“七計”的內容屬於尚處靜止狀態且相互分離的素質，只是進行戰爭的潛在能力。而要決定戰爭結局的實際勝負，就必須使它們運轉起來，發揮出來，變爲具體的作戰謀略和方案，並付諸實行。

因此，《計篇》最後所說“得算多”，決不是指前面“五經”“七計”的比較得分多，而是指具體作戰計劃中正確的成分多，付諸實踐能夠達到預期目的的項目多，戰策高明，計謀巧妙。“多算勝，少算不勝”，這一句張預解得較爲貼切：“籌策深遠，則其計所得者多，故未戰而先勝；謀慮淺近，則其計所得者少，故未戰而先負。多計勝少計，其無計者，安得不敗？”（《十一家注孫子》）張預所說的“計”，就是孫子的“算”。

戰爭的勝負取決於戰前的決策，即具體作戰計劃的制定，這是孫子的一個引人注目的觀點。在他看來，戰爭的勝負不是在交戰之後，而是在交戰之前就已經決定了。“故其戰勝不忒，不忒者，其所措必勝，勝已敗者也。故善戰者，立於不敗之地，而不失敵之敗也。是故勝兵先勝而後求戰，敗兵先戰而後求勝”。（《形篇》）孫子認爲，勝者之所以勝，在於“其所措必勝”，正是指戰前的謀劃和按照謀劃所作的部署得當。

由上可見，孫子主張舉戰之前要對決定戰爭勝負的各種因素做整體的研究。在各種因素中，人的因素第一。在人的因素中，智力因素起決定性作用。智力的開發主要表現在根據敵我雙方的實際情況，制定出計高一籌的行動計劃和作戰方案。他强調，戰略決策是整個戰爭過程中最關鍵的一環，決策的正確與否，直接關係着戰爭的成敗。把決策的重要性自覺地提到如此高度，是孫子對戰略管理學的一個貢獻。

2. 兵聞拙速，未睹巧久

用兵必以一定的經濟實力作後盾。孫子看得很清楚：“凡用兵之法，馳車千駟，革車千乘，帶甲十萬，千里饋糧，則内外之費，賓客之用，膠漆之

材，車甲之奉，日費千金，然後十萬之師舉矣”。（《作戰篇》）

舉十萬之師，每日花費千金，對春秋時任何諸侯國都是十分沉重的負擔。孫子正確地指出，在制定戰略決策時，必須考慮到經濟因素的制約作用。他的解決辦法是力求速勝。

> “其用戰也貴勝，久則鈍兵挫銳，攻城則力屈，久暴師則國用不足。”“故兵聞拙速，未睹巧之久也。夫兵久而國利者，未之有也。”（《作戰篇》）

道理很簡單，由於軍費開支過大，所以用兵的時間不能太長，須盡一切可能縮短戰程。

顯然，戰爭的勝負在很大程度上受到經濟實力的影響。可是，爲甚麼孫子不把經濟問題列入“五經”“七計”之中呢？弄清這個問題對於理解孫子的戰略思想很重要。最直接的原因在於，各諸侯國的經濟水平一般說來都很低下。更重要的是，春秋是一個衆多諸侯國各自爲政、相互兼併的時代。任何兩國交兵，都必須懂得“螳螂捕蟬，黃雀在後”的道理，所以無論何時，軍力和經濟力的過度消耗都是絕對不利的：

> “夫鈍兵挫銳、屈力殫貨，則諸侯乘其弊而起，雖有智者，不能善其後矣”。（《作戰篇》）

孫子俯視列國爭霸的全局，深知爭鬥的長期性、複雜性，故此堅決反對消耗戰。正是由於這種特殊的多邊角逐，孫子以爲只能與敵人在天時、地利、人和方面，在智慧和管理方面展開較量，而不應當在經濟實力上進行較量。如果把經濟置於“五經”“七計”之中，勢必導致這樣一個後果，即在決策時把拚消耗當作戰勝對方的方略，從而爲背後的“黃雀”造成良機。因此，儘管客觀上經濟實力的厚薄會對戰爭產生影響，但是在決策時決不可把戰勝對方的賭注，壓在經濟實力的雄厚上，決不可憑靠經濟實力而與敵方相抗衡。戰爭的指導者，不光要看到本國與交戰國的全局，還必須看到整個東周列國羣雄對峙的更大全局，看到割據局面的長久性。這才是孫子兵法的戰略觀和制定決策的出發點。

3. 不戰而屈人之兵爲上

基於以上兩條，孫子進一步提出“上兵伐謀”作爲戰略決策的又一項指導原則：

“故上兵代謀，其次伐交。其次伐兵，其下伐城。攻城之法爲不得已。修櫓轒轀，具器械，三月而後成。距闉，又三月而後已。將不勝其忿，而蟻附之，殺士三分之一，而城不拔者，此攻之災也。故善用兵者，屈人之兵而非

戰也，拔人之城而非攻也，破人之國而非久也，必以全爭於天下，故兵不頓而利可全，此謀攻之法也。”（《謀攻篇》）

孫子是一位理想主義的軍事家。在他心目中，“百戰百勝非善之善者也，不戰而屈人之兵，善之善者也。”（《謀攻篇》）就是說，勝仗也有等級的不同。如果舉兵之前的廟算達到至善至妙，決勝所需的時間縮到最短，物力人力消耗減至最低，而取得的勝利卻增至最大，那麼就應當做到“不戰而屈人之兵”，即所謂“上兵伐謀”，以高超的謀略，不費一刀一槍，致使敵人**全部**屈服或投降。這就是孫子的“全”勝思想。

“伐謀”爲至善，依次排下來是伐交、伐兵和攻城。伐交即通過外交手段取勝，雖不費刀槍，但不可能使對方全部屈服，只能取得局部戰果。因爲利用外交途徑的前提是承認對方的獨立和主權，故次於伐謀。伐兵是通過野戰奪取勝利，勢必伴隨傷亡耗損。而攻城最難，春秋時尚無較好的攻城方法和器械，人力物力和時間的損失最大，還往往不得成功，故爲下策。

孫子將決策分爲不同等級表明，作戰的可行方案往往可能有多種，應從中擇其最優者。決策的過程就是選擇和優化的過程。

算決勝負，力爭速勝和上兵伐謀，這三條原則是相互補充相互包含的關係，從前至後，一條比一條更具體。而"謀攻之法"正是力求通過籌策和選擇，使前面兩項原則的實現達到最優程度。試想，如果實現"不戰而屈人之兵"，那不就徹底做到未戰先勝和"兵貴拙速"了嗎？

系統工程的核心，就是實現最優化。孫子關於戰略決策的主張與系統工程的要求是相吻合的。他對"兵不頓而利可全"的追求，正是堅持了管理學中"以最少的投入獲取最大產出"的原則。這一效率原則對於戰爭和其他一切實踐活動，是普遍地起作用的。那麼如何提高效率？唯一的辦法是靠發展科學，開發智力。智慧可以轉化爲效率。孫子戰略決策三原則的靈魂，正是要求充分利用人們的智慧，爭得戰場上的最高效率。這就爲戰略決策如何實現最優指明了方向。

二、兵形理論——物質實力的部署

戰略決策的三原則，是指導戰爭的一般規律。要在實戰過程中貫徹戰略決策三項原則，還需要懂得指導戰爭的較具體的規律。孫子的形論、勢論、知論和法論等等，就是關於戰爭的具體規律的理論。

形論，或曰兵形理論，是孫子兵法的核心部分，集中表現了孫子戰略指揮的智慧。形論究竟研究甚麼？孫子説："强弱，形也。"（《勢篇》）有些專著據此將"形"解釋爲"有形的實力"、"有形的物質"、"軍事實力"等。按筆者管見，這種理解完全没有抓住孫子所謂"形"之本義。

孫子説："亂生於治，怯生於勇，弱生於强。治亂，數也；勇怯，勢也；强弱，形也"。（《勢篇》）孫子認爲，治與亂、勇與怯、强與弱是可以相互轉化的。一支軍隊，或强或弱，原因在於其"形"。更確切地説，强弱相互轉化的根據在於"形"。在這裏，既然"强弱"與"治亂"、"勇怯"相並列，自然應是專指物質力量的强與弱。可是，如果據此推斷强弱的原因——"形"是指"有形的實力"、"有形的物質"，那就錯了。依照他們的解釋，"强弱，形也"的意思就是：物質力量的强弱，是軍事實力的問題。

説軍事實力決定軍隊物質力量的强弱，乍看起來似乎毫無疑問的。然而事實上，這個判斷只在靜止的和抽象的意義上才能成立。而且可以説是同義反復，没有説明任何問題。實戰經驗告訴我們，在具體的情況下，在千變萬化的戰場上，決定軍隊物質力量强弱的因素決不只是"有形的實力"，就是說，軍事實力强的一方，在具體戰場上未必是佔有優勢的一方。如果戰場上的强弱完全由“軍事實力”決定，那麼還要指揮官的運籌和戰前的“廟算”做甚麼？而孫子講的“强弱”正是具體戰場上表現出來的强弱，決定實戰勝負的强弱。

關於這一點，可從孫子的下面兩段話得到證明：“兵非益多也，惟無武進，足以並力、料敵、取人而已；夫惟無慮而易敵者，必擒於人。”（《行軍篇》）“以吾度之，越人之兵雖多，亦奚益於勝敗哉”？（《虛實篇》）在春秋時代，武器不發達，諸侯國之間武器水平差距不大，軍事實力主要表現在兵員多寡上。在這種情況上，孫子認爲戰爭勝負的決定因素不在於兵員多少，這就意謂軍事實力並不決定具體戰場上的勝負，不能以雙方的軍事實力劃分戰場上的强弱。

孫子認爲，戰場上的强弱決定於“形”。形的目的是要在物質力量上造成敵弱我强的態勢，但形本身不是指物質實力，而是指物質實力的部署，由物質實力的分配、佈局而形成的動態結構。所以形論是研究戰場上如何部署兵力以求得在物質力量上超過敵人的學問。在孫子看來，我方與敵方軍事實力相當，或甚至不如敵方，但只要我方善於運籌，巧妙部署，完全有可能將軍事實力上的等勢或劣勢，變爲實際戰場上的優勢。爲此，他提出四條指揮戰爭的具體規律：

1．我專敵分

敵我雙方的軍事實力或投入到戰場上的總兵力，是一個相對不變的量。但是作戰的區域一般很廣闊，沒有絕對的界限。因此，每一次具體交鋒的地點時間和雙方使用的兵力，是不確定的，可變動的。時間和空間的可選擇性，既定兵力在廣大時空中的可流動性，就爲指揮官施展才能提供了天地。高明的指揮官能夠創造和利用各種條件，通過兵力的合理調度，在具體戰役戰鬥中做到以我之多數對敵之少數，一次次打敗敵人，從而獲得整個戰爭的最後勝利。孫子正是按照這種指導思想提出用兵之法的，他說："十則圍之，五則攻之，倍則分之，敵則能戰之，少則能逃之，不若則能避之"。（《謀攻篇》）明確指出，只有當五倍十倍於敵之時，方與敵人展開決戰，如果兵力比敵人少，則要設法逃脫。不管雙方總的兵力如何，軍事將領應該也能夠在每一具體戰役中造成以多勝少的局面。

爲達到這一目的，在實戰過程中必須將自己一方的兵力集中起來使用，即前面提到的"並力"，同時還須設法使敵人的兵力分散開來：

“故形人而我無形，則我專而敵分；我專為一，敵分為十，是以十攻其一也，則我衆而敵寡；能以衆擊寡者，則吾之所與戰者約矣。吾所與戰之地不可知，不可知，則敵所備者多；敵所備者多，則吾所與戰者寡矣。故備前則後寡，備後則前寡，備左則右寡，備右則左寡，無所不備，則無所不寡。寡者，備人者也；衆者，使人各己者也”。（《虛實篇》）

為達到我“並力”，敵分散的目的，孫子認為重要的一條是弄清敵人的兵力佈局（“形人”）而不讓敵人瞭解自己的部署（“我無形”）。敵人摸不清我要在何時何地向其發動攻擊，勢必分兵把守（“敵分”）；由於我方洞悉敵方之“形”，故可把兵力集中在某一有利地點（“我專”），選取最佳作戰時機和目標，形成我衆敵寡的態勢。

2. 避實擊虛

我方欲集中兵力，敵方亦不願分散兵力。誰都知道，在一個廣大的作戰區域內，平均分配兵力是愚蠢的作法。因此，要想取得戰場上的優勢，光有集中兵力一條顯然不夠，還須懂得避實擊虛的法則：

“少則能逃之，不若則能避之。故小敵之

堅，大敵之擒也。”（《謀攻篇》）

“攻而必取者，攻其所不守也；守而必固者，守其所不攻也。”（《虛實篇》）孫子反對在戰場上以硬碰硬，死拚取勝，更不贊成在敵强我弱的情況下，無謂堅守而爲敵人果腹（“小敵之堅，大敵之擒”）。集中兵力和避實擊虛是一個問題的兩個方面。集中兵力是爲實現以多勝少我方所應做的準備，避實擊虛是指與敵交鋒所應選取的目標。只有把二者結合起來，才能更有效地打擊敵人。孫子說：“古之所謂善戰者，勝於易勝者也。故善戰者之勝也，無智名，無勇功”。（《形篇》）孫子所推崇的善戰者，總是能夠尋找或造成敵弱我强對比極爲懸殊的情勢，且只在此時方與敵決戰。所以戰必大捷，輕而易舉，好似敵人特別無能。

3．兵形象水

欲實現以多勝少，避實擊虛，戰略部署和作戰計劃必須依據敵人的情況而定。孫子說：“踐墨隨敵，以決戰事。”（墨者，木匠之繩墨也。踐墨在這裏即指制定和修改作戰計劃。）（《九地篇》）强調作戰計劃須以敵情爲轉移。每一個有實戰經驗的人都不難理解，任何一廂情願的作法，會迅即遭受敵人的懲罰，付出血的代價。

敵人也和我們一樣，爲尋找戰機，在暗中不斷改變着自己的“兵形”。因此，必須及時了解到敵人的動向，相應變更自己的部署，做出符合新情況的安排。孫子說：

“勝者之戰民也，若決積水於千仞之溪者，形也。”（《形篇》）

“夫兵形象水，水之形避高而趨下，兵之形避實而擊虛；水因地而制流，兵因敵而制勝。故兵無常勢，水無常形，能因敵變化而取勝者，謂之神。”（《虛實篇》）

兵形象水的比喻極精譬。《易經》中已有類似的思想。其師卦是講軍事的專卦。師卦卦象將軍隊喻爲蔭蔽於地下而流動着的水。孫子的思想比《易經》的師卦豐富多了。他認爲軍隊部署沒有固定不變的常式，須隨敵而變，因敵制形。故“人皆知我所以勝之形，而莫知吾所以制勝之形”。（《虛實篇》）兵形的這種適應性變化要像水的變形一樣迅速及時，要遵守我專敵分、避實擊虛的法則。而且，我之兵形要像水無常形那樣，令敵人捉摸不住。“微乎微乎，至於無形，神乎神乎，至於無聲，故能爲敵之司命。”（《虛實篇》）我“無形”“無聲”，敵人找不到對付我之方法，就為我軍因敵制勝創造了條件。

4．巧計動敵

孫子説："故善動敵者，形之，敵必從之；予之，敵必取之。"(《勢篇》)"動敵"是通過詭道計謀調動敵人，使敵人按照我之意圖運動，從而造成有利於我，不利於敵的勢態。其形式和內容都是積極主動的。為了使動敵能夠奏效，同樣須要了解敵人，尋找並利用敵人的弱點，以敵人的實際情況為依據。所以動敵不能違背因敵制勝的法則。它和"兵形象水"是因敵制勝的正反兩個方面，都是為實現我專敵分、避實擊虛所採取的手段。

動敵可產生如下一些直接效果：

(1)引誘敵人進入我之埋伏圈，聚而殲之：

"故善動敵者……以利動之，以卒待之。"(《勢篇》)

(2)使敵人由有利狀態轉為不利狀態：

"能使敵自至者，利之也；能使敵不得至者，害之也。故敵佚能勞之，飽能饑之，安能動之。"(《虛實篇》)

(3)逼迫敵人交戰或停戰：

"故我欲戰，敵雖高壘深溝，不得不與我戰者，攻其所必救也；我不欲戰，雖畫地而守

之，敵不得與我戰者，乖其所之也。”(《虛實篇》)

(4)破壞敵人的兵力配置，瓦解敵人之兵形，使其喪失整體的戰鬥效力：

“古之善用兵者，能使敵人前後不相及，衆寡不相恃，貴賤不相救，上下不相收，卒離而不集，兵合而不齊。”(《九地篇》)

“敵雖衆，可使無鬥。”(《虛實篇》)

(5)暴露敵人的虛實，摸清敵人的行動規律：

“作之而知動靜之理，形之而知死生之地，角之而知有餘不足之處”。(《虛實篇》)

從全局看來，我方兵力不一定多於敵方(“兵非益多”)，但在每一局部戰役中，一定要堅持做到以多勝少，“以鎰稱銖”(《形篇》)，這是孫子的最基本的戰略方針。我專敵分、避實擊虛、兵形象水和巧計動敵，這四條指揮戰爭的規律，都是圍繞這一戰略方針展開的。其目的是，牢牢地把握戰場上的主動權，“致人而不致於人”(《虛實篇》)，力爭以最小的損失，最快的速度，獲得最大的勝利。

孫子關於兵形之論，是春秋和春秋以前中國系統思維在戰略管理學上的光輝應用。

八卦和《易經》六十四卦所顯示的系統觀念表明，整體的屬性和功能不等於部分的機械相加。整體與部分之間是非綫性關係。

從八卦和六十四卦的構成可以看出，事物整體的屬性與功能不僅取決於其構成的成分，更重要的則決定於其內在結構，即各組成部分的佈局、配置和關係。把這種系統結構思想應用到軍事學上來，就會促使兵家們着重思考戰略全局，研討戰爭全局與局部的關係，探究戰略部署、兵力佈局對提高戰鬥能力的重大作用。

八卦和六十四卦都是動態系統，隨時間和條件而變化，它們的構成和相互過渡啟發人們從一中去尋找多，從事物結構的無窮變化中去開掘事物深不可測的潛能，去創建和發明多種多樣的新物。孫子說："聲不過五，五聲之變，不可勝聽也。色不過五，五色之變，不可勝觀也。味不過五，五味之變，不可勝嘗也。"（《勢篇》）這一思想使有出息的軍事家們在兵力部署的結構上找到了他們盡情馳騁的廣闊天地，決不為有限的兵員數量和其他物質條件所宿命，而決心在如何運籌上施展奇才。

那麼如何調動局部，建立怎樣的結構，才能使整體功能達到最優呢？孫子根據軍事鬥爭的特點，應用了古代對策論的一個基本思想，就是利用整體與局部的差異，在整體相對不變而局部可以自由流動的情況下，設法造成每一局部的優勢。而大量的局部的優勢和勝利，就可以改變整體上敵我雙方力量的對比。

這裏有兩個問題要研究，一個是要善於運用空間和時間可相互過渡相互補償的特性。如上述整體的等勢或劣勢轉化爲局部的優勢和勝利，再由局部的優勢和勝利導致整體的全面勝利，往往（不是所有情況）須要設法減少交戰的空間，縮短作戰綫，並把空間的縮小轉化爲時間的延長。因爲整體的等勢或劣勢一般總會在空間上表現出兵力不足，需要用延長時間來克服並扭轉局勢。即需要通過一個一個局部勝仗的積累，逐漸改變力量對比，這就需要時間。另方面，爲在局部戰場上造成優勢地位，捕捉最有利於我不利於敵的作戰地點和時機，又需以盡快的速度，在廣闊多變的空間調動軍隊，形成新的陣形，表現爲通過跨躍空間（"並力"）換取交戰時間的縮短（速勝）。孫子説："兵之情主速，乘人之不及，由不虞之道，攻其所不戒也。"（《九地篇》）這裏面就包含着時間和空間的相互交換。

還有一個問題，就是要選擇恰當目標。現代系統工程學指出，由於目標選擇直接影響工作系統結構的調整及功能的發揮，同時對改變工作對象系統的阻抗能力有決定作用，因此，目標選擇是否合理，直接關係着工作系統的效率。

對於這一問題，先秦學者已有一定認識。如莊子記述庖丁解牛的故事指出，解牛時，其骨節的間隙，正是下刀所應選擇之目標，而把握骨節間隙之“道”，花了庖丁三年時間。一當庖丁學會如何找到這一最優目標，他的刀法就達到了出神入化的境地。

比莊子更早得多的孫子，出於實戰的需要，對戰場上目標選擇與提高效率的關係，作了專門的探討。關於挑選最佳目標的準則，他主要提出了三條：一曰“避實擊虛”，二曰“攻其所不戒”，三曰“避其銳氣，擊其惰歸。”（《軍爭篇》）這裏面包含定量分析以及心理和時機的把握。其中第二、三兩條主要屬於勢論的範疇，但也屬目標選擇問題，故在這裏一並提及。

孫子還要求指揮官特別注意目標選擇與全局的關係。“軍有所不擊，城有所不攻，地有所不爭。”（《九變篇》）就是說，不是任何可攻取的目標都去進攻，還要看是否於全局有利。

> “夫戰勝攻取，而不修其功者凶，命曰費留。故曰：明主慮之，良將修之。”（《火攻篇》）

孫子特別提醒，儘管打了勝仗，攻取了城池土地，然若不能達到預期的戰略目標，即“不修其功”，那麼就有可能反而招來不利於我方的惡果。因此，無論在何種情況下，都必須考慮戰爭和政治的全局。

早期五行學説也是孫子兵形理論的重要哲學依據。五行學説是中國古代系統思維的理論形態之一。孫子説：

> “故五行無常勝，四時無常位，日有短長，月有死生。”（《虛實篇》）

依照五行學説，宇宙大系統的所有子系統，都分屬木火土金水五行，發生相生相勝的關係。因此正像春夏秋冬四季没有哪一季永遠行時，最終必定要被其後的季節所代替那樣，任何一個系統都不會處於只勝而不被勝，只生而不被生的位置。由此推論，一切兵形結構都是相對的，不是絕對的，都有勝他的能力，也有被勝的可能。基於這樣的思想，孫子認爲：“勝可爲也。敵雖衆，可使無鬥。”“能因敵變化而取勝者，謂之神。”（《虛實篇》）無論敵人施展何種謀略，擺出何種陣法，從理論上説，都有可能設計出另一類戰式，別一樣兵形，將對方制服。

孫臏對孫武的這一重要思想作了進一步闡述和論證，使其更加明晰更富於理論性：“代興代廢，四時是也。有勝有不勝，五行是也。有生有死，萬物是也。有能有不能，萬生是也。有所有餘，有所不足，刑（形）埶（勢）是也。故有刑（形）之徒，莫不可名。有名之徒，莫不可勝。故聖人以萬物之勝萬物，故其勝不屈。戰者，以刑（形）相勝者也。刑（形）莫不可以勝，而莫智（知）其所以勝之刑（形）。刑（形）勝之變，與天地相敝而不窮……以一刑（形）之勝萬刑（形），不可。所以䂓（制）刑（形）壹也，所以勝不可壹也。故善戰者，見適（敵）之所長，則智（知）其所短；見適（敵）之所不足，則智（知）其所有餘。見勝如見日月，其錯勝也，如以水勝火。”（《孫臏兵法·奇正》）他不僅説明了任何兵形莫不可勝的道理，而且指出没有萬勝之形，而只能針對一種具體的兵形，設計出剛好能將其戰勝的另一種具體兵形。兵形的勝和被勝都具有特定的針對性，所以只能因敵而制勝。

二孫的以形相勝論，是對五行無常勝的引伸，是圜道觀的又一體現。它大大增强了軍事家們運用智慧、謀略破敵的信心。關鍵在智慧，智慧可通神，智慧勝剛强。

三、兵勢理論——精神力量的誘發

在孫子看來，人的身體裏面潛藏着巨大的物質能量，而這種物質能量必得依靠精神力量引發方能釋放出來。所以，“人情之理，不可不察”。（《九地篇》）但是這種精神力量即高度的作戰積極性和强烈的殺敵欲望從何而來？孫子說：“勇怯，勢也。”（《勢篇》）部隊或勇敢或怯懦，主要來自於“勢”，勢的問題解決得好，就可使我方的戰鬥士氣壓倒對方。

在孫子軍事學上，“勢”是指蘊涵着一定精神能量的時空環境，或曰關係環境。孫子說：

> “激水之疾，至於漂石者，勢也；鷙鳥之疾，至於毁折者，節也。是故善戰者，其勢險，其節短。勢如彍弩，節如發機”。（《勢篇》）

激水可以漂石，説明即使柔弱的水也蘊藏着巨大的能量。由此可以推想，一支部隊其内含戰鬥力是否充分開發出來，二者之間會表現出多麼大的差異。激水漂石由水勢所成，勇軍破敵則求之兵勢。人與水各異，然其“勢”理不二。孫子用這樣一個生動的類比告訴人們，要想使部隊的潛能爆發出來，也必須將其置於一種特殊的關係環境之中。依照孫子的學説，人的心理狀態並不取決於主觀的願望或命令，而是由人所處的關係環境來決定。這裏所説的“其勢險”，並不一定指其勢“危險”或“險要”，而是指在這一時空位上蘊含的精神能量特别大。（“勢如彍弩”）部隊處於這種關係環境中，則與敵人在某一方面產生強烈的對比，出現巨大的差距，形成尖銳的矛盾。面對這種對比、差距、矛盾，士兵的情緒會激奮起來，高昂起來，緊張起來，從而變成無可阻擋的精神力量。

孫子又說：

> “故善戰者，求之於勢，不責於人。故能擇人而任勢。任勢者，其戰人也，如轉木石。木石之性，安則靜，危則動，方則止，圓則行。故善戰人之勢，如轉圓石於千仞之山者，勢也。”（《勢篇》）

既然士兵的心理狀態決定於“勢”，因此那種嗔怪戰士不勇敢不協力不服從的作法是愚蠢的。問題在於善於調動部隊，使之處於“轉圓石於千仞之山”的關係環境。戰國時代的孫臏說過：“勢者，所以令士必鬥也。”（《孫臏兵法·威王問》）意與孫武同。就是說，指揮官的任務在於尋找和創造一種關係環境，使處於這一環境中的士兵受到有關客觀因素的影響，而必定士氣大作，團結合作，勇敢堅定，步調一致。唐人杜牧有很好的注釋：“轉石於千仞之山，不可止遏者，在山不在石也；戰人有百勝之勇，強弱一貫者，在勢不在人也。”（《十一家注孫子》）他們都強調了勢的客觀性，由此引出一條結論：士兵作戰的精神狀態取決於軍隊的調度和部署，取決於作戰環境的選擇。

孫子認爲，客觀之勢一俟造成，指揮官還必須善於控制部隊的行動，包括掌握方向和時機。依據孫子，將帥所須把握的"勢"大致有四類：

1. 置諸死地

孫子說："投之亡地然後存，陷之死地然後生。夫衆陷於害，然後能爲勝敗。"故"聚三軍之衆，投之於險，此謂將軍之事也。"（《九地篇》）現代心理學表明，人的情緒處於應激狀態即遇到危險或有較重精神負擔時，機體將通過神經體液系統動員全身的物質和能量資源，發生興奮反應，使全身的代謝功能加强，體力和腦力的水平提高。因此危機感常常使一個人、一個團體甚至整個民族奮進，在較短時間做出驚人的成績。孫子"投之於險"的主張有一定道理，至今仍有借鑑價值。

2. 出其不意

孫子說："凡戰者，以正合，以奇勝。故善出奇者，無窮如天地。""戰勢不過奇正，奇正之變，不可勝窮也。"（《勢篇》）何爲奇正？一般地說，凡按照正規方法和通常慣用的戰術原則作戰的，爲正；而運用計謀，採取特殊的非正規方法，不按通常戰術原則作戰的，爲奇。以上是就奇兵正兵本身而言，如果從奇正的目的和效果來看，則是爲了“攻其無備，出其不意”（《計篇》）。孫子說：“奇正相生，如環無端”。（《勢篇》）奇兵正兵一般總是交相爲用，奇中有正，正中有奇，變化無數。而正兵往往爲奇兵作掩護，在精神上麻痹、牽扯和迷惑敵人，使敵人估計不到我奇兵的突然出現和作戰方法。當此之時，敵人毫無精神準備，由於措手不及而可能喪失信心，陷入慌亂、恐懼之中。我方由於早有準備，因而信心十足，勇氣倍增，勢不可擋。

3．擊其惰歸

孫子說：“故三軍可奪氣，將軍可奪心。是故朝氣銳，晝氣惰，暮氣歸。故善用兵者，避其銳氣，擊其惰歸，此治氣者也。以治待亂，以靜待嘩，此治心者也。”（《軍爭篇》）孫子根據人的生理和心理變化具有一定時間節律，指出把握作戰節奏和發動攻擊時機的重要。這是從變化過程的階段性論述如何尋找敵人的薄弱環節，使我方處於“轉圓石於千仞之山”的“勢”中。

4．形圓不敗

孫子說："紛紛紜紜，鬥亂而不可亂也；渾渾沌沌，形圓而不可敗也。"（《勢篇》）要使士兵在激戰中意志堅定，毫不慌亂，服從指揮，相互救助，須求之於"勢"。這種"勢"表現爲圓形的兵力配置。孫子說："故善用兵者，譬如'率然'；'率然'者，常山之蛇也。擊其首則尾至，擊其尾則首至，擊其中則首尾俱至。敢問：'兵可使如"率然"乎'？曰：'可'。夫吳人與越人相惡也，當其同兵而濟，遇風，其相救也，如左右手。是故方馬埋輪，未足恃也……故善用兵者，携手若使一人，不得已也。"意思是，用强迫命令的辦法不能使戰士產生情同手足、誠心聽命的自覺心態，必須善於做巧妙的部署，使我方部隊在客觀上形成一種"同舟而濟"的結構關係，這種客觀的結構關係迫使士兵在混戰紛紜之中，鬥亂而不亂，携手若使一人。

孫子形論和勢論都研究兵力調度和作戰部署的問題，所以二者在內容上有某些交義，如"攻其無備"與"避實擊虛"在實戰中常常相互重合。無備則虛，虛多因於無備。又如"避其銳氣，擊其惰歸"，亦可理解爲"避實擊虛"的一種特殊情形，故此，一此關於兵形的指導規律也適用於兵勢，反之亦然。

比如“兵無常勢，水無常形”，兵勢和兵形都像流水一樣變動不拘，没有固定不變的模式。還有“奇正之變”、“擊其惰歸”也都必須遵守因故制勝的法則。而在客觀效果上，兵形和兵勢則更是相互滲透，相互促進。不用説，在兵形上若我方已處於優勢，那麼我方部隊所處的關係環境勢必有利於激揚士氣；另一方面，由於精神力量必定轉化爲物質力量，所以有利的兵勢會加强有利的兵形。可見形中有勢，勢中有形。

但是應當辨清，形論和勢論實屬兩個本質不同的範疇，不可混淆。

如前所述，二者都是關於作戰部署和軍隊調度的理論，但它們的直接目的和着眼點不同。形論着眼於有形的物質實力；勢論着眼於無形的精神士氣。形論的目的是在具體作戰地點造成我方以多勝少，以鎰稱銖的局面；勢論的目的在於將我方部隊置於必定會產生所需作戰心態的關係環境。形論所希求的客觀效果是“勝兵先勝而後求戰”；勢論所希求的客觀效果是疾水漂石，將部隊的潛能全部引發出來。形論的核心是如何實現以十擊一，着重於籌算數量；勢論的任務是要充分調動人的積極性、能動性，着重於提高部隊質量，在不能做到以多勝少的情況下，須運用奇正之法，爭得心理優勢，亦可創造以少勝多的奇蹟。以上就是形與勢的差別。

孫子勢論體現了系統性原則。他從關係和結構的角度研究心理，但不是像現代完形心理學派那樣主要研究人的知覺結構。他着重研究的是人的情緒和意志，認爲人的情緒和意志受環境的決定。環境因素包括天時、地形、敵我關係、本軍內部關係等。正像《易經》六爻結構中之每一爻位的屬性受其整個結構的決定一樣，人的心態取決於他所處的關係環境結構。孫子從天地人的大系統出發，把人的心理看作是這個大系統中的一個受各種外在因素制約的變量，主張通過改變和創造環境結構來控制人的心態，由此形成了他的兵勢理論。

四、信息戰理論

孫子將智慧在戰爭中的作用推到至高點，按其內在邏輯，必定極其重視知的作用。這也是知論的重心。

1. 信息是行動策略的依據

> "知彼知己，百戰不殆；不知彼而知己，一勝一負；不知彼，不知己，每戰必殆。"（《謀攻》）

這段舉世皆知的名言把"知"的問題與勝負直接聯繫

起來，充分肯定了信息對戰爭的價值，揭示了信息活動在戰略管理中關乎生死的地位。他强調，情報之獲取，“此兵之要，三軍之所恃而動也。”（《用間篇》）徹底否定了作戰行動的盲目性，從各種不同的角度說明了盲目性是失敗的根源。“敗兵先戰，而後求勝”，這是對盲目性的生動寫照。

2．信息戰

孫子沒有使用信息這個詞，但是初級的信息概念是有了。從其有關“知”的論述可以推斷，在他的頭腦中，已開始把“知”的內涵當作一種與物與人相區別的獨立的特殊存在，它們能夠被收集、傳遞、加工和使用。

信息既然是一種對戰爭勝負具有決定意義的可以運動轉手的東西，那麼爭奪和利用信息就成了一場不可避免的鬥爭。孫子對這一點已十分自覺。因此，在他的軍事戰略中擺着兩個戰場，一個是以殺傷敵人奪取領土城池爲目標的戰場，另一個是爭奪和利用信息的戰場。這是一條無形的戰線。它爲前者服務，但比前者更爲重要。

信息戰包括兩個方面，一是設法獲取敵人的情報，一是保守自己一方的秘密，並以假情報欺騙敵人，將敵人誘入我方的戰略軌道。維納說：“保密、消息堵塞和欺騙，這一切技術都是爲了保證自己一方能夠比對方更加有效地使用通訊力量和通訊手段。在這樣一場使用信息的戰鬥中，保持自己一方的通訊通路的開放和妨礙對方所支配的通訊通路的利用具有同等重要的意義。”❶孫子正是這樣展開他的信息戰理論的。爲了保守我方機密，孫子提出，“將軍之事……能愚士卒之耳目，使之無知。易其事，革其謀，使人無識。易其居，迂其途，使人不得慮。”（《九地篇》）爲了不讓敵人摸清我方作戰意圖，須經常巧妙地改變我方之兵形，以致“深間不能窺，智者不能謀。”（《虛實篇》）“善攻者，敵不知其所守；善守者，敵不知其所攻。”（《虛實篇》）另一方面，又通過“詭道”“示形”給敵人以假象，迷惑敵人：“能而示之不能，用而示之不用，近而示之遠，遠而示之近。”（《計篇》）

爲了得到敵人的情報，孫子主要提出了兩條途徑。一是前綫偵察，另一個是利用間諜。孫子十三篇有一篇名爲《用間》，專門論述了如何使用間諜。

3. 信息反饋

像一切管理系統一樣，在軍事系統中也必須建立信息反饋制度，把戰略和戰役計劃的執行情況和敵人的動態及時通過專門的信息系統回傳給司令部。指揮官根據反饋信息檢查和修改原來的指令，作出新的決定，並對各執行部門存在的問題提出解決和糾正辦法，形成新的指令，再傳達給有關方面。

對於這樣一套信息反饋制度，孫子兵法中顯然沒有明確自覺地提示出來。但是初級形態的信息反饋觀念已經存在。請回顧前面引證的兩段話："夫兵形象水，水之形避高而趨下，兵之形避實而擊虛，水因地而制流，兵因敵而制勝。故兵無常勢，水無常形，能因敵變化而取勝者，謂之神"。（《虛實篇》）"踐墨隨敵，以決戰事。"（《九地篇》）這兩段精妙之論，都是要求追踪變化着的敵情，隨時相應修改我之作戰計劃和兵力部署。這樣一個因敵制勝的過程。恰恰是一個正反饋的信息過程。正反饋的特點是目標在流動，控制裝置必須不斷重新校正系統的行爲以保證對準目標。

《孫子》十三篇的序次也頗有學問。它是一個圓形結構，以無聲的語言將孫子戰略思想體系的內在聯繫展示出來，既大體反映了指揮戰爭的思維邏輯過程，也表現了戰事進行的歷史過程。這兩個二而一的過程，正是以信息反饋循環爲綫索展開的。

爲了敘述方便，我們姑且把《孫子》一書的末篇，即《用間》當作邏輯的起點。事實上對於一個圓形結構，以何處爲起點都是無關緊的。

用間的目的不用説是爲了獲得敵國的情報，作爲起點則是原始信息的收集。這是一切戰略行動的前提。

接着是首篇《計》，叙述君主和將相大臣依據各方蒐集的情報，對敵我基本情況進行比較（“五經”“七計”），然後做出決策。連同第二篇《作戰》和第三篇《謀攻》，確定下戰略決策的三項指導原則。這是對原始信息進行滙集和加工的過程。

《形篇》第四，《勢篇》第五，《虛實》第六，《軍爭》第七，這四篇論述具體用兵的戰略方針和方法，主要是兵形理論和兵勢理論兩部分內容。從歷時過程來看，意謂戰略決策付諸實施，進入制定具體戰役計劃的階段。在這階段，孫子提醒我們應將目光從一般轉向具體，從整體轉向局部，要通過具體戰役貫徹全局戰略之時，需對敵我雙方有關情況做新的更爲細緻的調查，目標從戰略信息轉入戰役信息。

從第八篇至第十二篇，即《九變》、《行軍》、《地形》、《九地》、《火攻》，着重講戰術理論，包括不同作戰環境的相應措施；各種地形應如何處置；行軍的注意事項；火攻的方法和準備等，同時也夾敘了一些用兵的戰略性規律。這五篇的內容都是形論和勢論的具體化，實踐化，可以代表實戰過程。

再往下，我們又回到了第十三篇《用間》。這時可以理解爲，爲了糾正決策或執行過程中的差錯，不僅需要研究我方實戰過程中出現的各種情況，更需要了解敵人的反應、動向和新的打算，當這兩方面的信息回傳給司令部時，則又開始了新的一輪的“廟算”。於是，未來的行爲將根據過去運行的結果而得到調整。

管理工作中的信息反饋是一個不斷循環的過程，《孫子》十三篇的圜形結構大致反映了信息反饋的機制。

4. 信息中樞的優化

信息的收集、傳輸固然不可輕視，但更爲重要的是信息的加工處理和對全部信息工作的指揮，而這正是信息中樞——君主和將帥的任務。所以孫子說：“料敵制勝，計險阨遠近，上將之道也。”（《地形篇》）依照孫子，既然勝負在謀，那麼將帥自然成爲戰爭時期國家的支柱：“夫將者，國之輔也，輔周則國必强，輔隙則國必弱。”（《謀攻篇》）

因此，孫子認爲必須對上將的人選極慎重，以保證信息中樞的優化。而爲將的首要條件是“智”

（見《計篇》）。他關於將帥作風與品質的論述，其中許多與提高將帥的智有關。如"將軍之事：靜以幽，正以治。"（《九地篇》）"靜以幽"，正是指有能力排除干擾，通過冷靜的思考，作出準確的判斷和高妙深幽的謀劃。又如"將有五危：必死，可殺也；必生，可虜也；忿速，可侮也；廉潔，可辱也；愛民，可煩也。"（《九變篇》）在孫子看來，只知死拚，貪生怯懦，易生忿怒等都可能成爲喪失理智，妨礙思慮，導致失敗的根由。

五、軍隊的組織管理

進行戰爭實現戰略決策，主要依靠軍隊。軍隊在戰場的直接任務是消滅敵人和保存自己。爲了提高軍隊的作戰能力，必須搞好軍隊自身的組織管理，包括軍制、條令、訓練、協調、軍需等等，以使軍隊成爲具有高度維持自身穩態和進攻能力的系統。孫子把這方面的工作提到戰略的地位，置於"五經""七計"之中，稱作"法"。孫子關於軍隊組織管理的論述有不少，這裏不打算全面論述，僅指出以下三點：

1. 强調軍事系統的特殊性

軍隊肩負着關係國家興亡的重任，不能不受君主的管轄，但軍隊有自己嚴格的組織系統，軍事行動有特殊的要求和規律，所以孫子認爲必須承認軍事系統的特殊性和相對獨立性。這主要表現在君主與軍隊的關係上。國君雖爲一國之主，但對於他不了解不懂得的軍隊內部事務，不可亂行干預。特別是軍隊在前綫作戰時，遠離首都，而戰勢瞬息萬變，因此必須授與前敵指揮官當機立斷、獨自處置軍內一切重大事務的權柄，而君主的工作主要在於選任將帥和參與戰前決策。君主對軍隊事物的瞎指揮、亂干預，是軍隊的禍患和造成失敗的根源。因此，孫子説："將能而君不御者勝。"（《謀攻篇》）

另一方面，作爲將帥，應當懂得並勇敢地承擔軍事行動的責任。"故戰道必勝，主曰無戰，必戰可也；戰道不勝，主曰必戰，無戰可也。"（《地形篇》）當將帥根據實際情況作出正確決斷之後，必須敢於頂住國君的錯誤命令。在孫子看來，這種抵制是合法的。他規定的一條著名的軍法就是："將在外，君命有所不受"。（《九變篇》）短短九個字，字字千鈞，凝聚着這位偉大軍事戰略家的膽識，集中體現了他的形論、勢論、知論中所闡揚的許多光輝思想，爲後世歷代兵家所讚許。

現代管理學提示人們，一切管理系統都由等級結構所組成。管理人員要特別注意對各個子系統之間、上層結構與下層結構之間分界面的把握。上層結構對下層結構的領導和統轄關係，必須依據該系統的特殊規律劃定適當界綫，必須給予下層結構以應有的權限。只有做到合理的分權，整個系統才能發揮最大效率。這是系統工程學揭示的普遍法則。孫子儘管没有達到這樣的認識高度，但"君命有所不受"的名言是符合這一普遍法則的。

2．協調將卒關係

孫子認爲應當把"五經""七計"中"道"的精神貫徹到軍隊内部的管理上來。"道者，令民與上同意者也"。"道"要解決的是統治者與民衆的關係問題。這一問題在軍隊内部則表現爲將官與兵卒的關係。將卒關係是關乎軍内結構能否牢固、協調的基本關係，是軍内的"人和"問題，特别重要。因此孫子不止一次地談到這個問題："視卒如嬰兒，故可與之赴深溪，視卒如愛子，故可與之俱死。厚而不能使，愛而不能令，亂而不能治，譬若驕子，不可用也。"（《地形篇》）依照孫子的觀點，處理好將卒關係的關鍵是上級採取主動，將官要像愛護自己的孩子那樣看待士兵，這樣才能贏得士兵拚死效命。但是愛護不等於驕慣，愛的目的是使用，所以對士兵不能放縱，必須把愛與嚴統一起來。"故令之以文，齊之以武，是謂必取。令素行以教其民，則民服；令不素行以教其民，則民不服。令素行者，與衆相得也。”（《行軍篇》）就是說，要把思想教育與軍紀懲處（武）結合起來。然而懲罰也須以愛護爲前提：“卒未親附而罰之，則不服，不服則難用也。卒已親附而罰不行，則不可用也。”（同上）從這些論述可以看出，孫子主張對士卒以愛護和教育爲主，以軍法懲處爲輔，而且軍紀的執行要有一貫性。所有這一切都是爲了達到思想意志的一致，在作戰時能夠“犯三軍之衆，若使一人。”（《九地篇》）

在一個相對獨立的管理系統中，如何使系統中的所有成員服從統一的意志，這是實現戰略管理的重要問題之一。孫子强調在上下級之間建立感情聯繫，是一項成功的方法，對後世治軍產生過深遠影響。如戰國吳起，“與士卒最下者同衣食，卧不設席，行不騎乘，親裹贏糧，與士卒分勞苦。卒有病疽者，起爲吮之。”於是其士卒“戰不旋踵”，忘其生死，天下莫能當。（見《史記·孫子吳起列傳》）

3. 治衆如治寡

孫子說：“凡治衆如治寡，分數是也；鬥衆如鬥寡，形名是也。”（《勢篇》）曹操注：“部曲爲分，什伍爲數。”“旌旗曰形，金鼓曰名。”（《十一家注孫子》）意思是軍隊須按統一的模式進行組織編制，用統一的通信工具和聯絡信號傳達命令，進行指揮。這樣，部隊的人數無論怎樣多，都是由一個個結構相同的細胞所組成，就是説軍隊是一個準全息系統，其整個機體可以十分龐大，而其結構和管理機制卻相對比較簡單，並不因總編制的增加而複雜化。這樣的全息建制，也最利於實現指揮的統一和行動的一致。使“勇者不得獨進，怯者不得獨退。”（《軍爭論》）

“治衆如治寡”看起來，似乎是一個極爲簡單、一目了然的道理，然而它卻反映了複雜機體進行組織的一般規律。軍隊如此，公司企業如此，國家行政和各部門系統的建制亦如此。生物機體也是一個複雜的全息系統。生物機體全息結構的形成，固然有其本體論的根源，歷史進化的根源，但一個明顯的事實是，這樣建構起來的複雜系統管理最簡捷，最容易達到協調統一，最便於實現機體的代謝更新。孫子將“衆”與“寡”連接起來，認爲統一的“分數”和“形名”可以使治理簡便易行，説明他在一定程度上體認到這種組織形式的優越性。

注釋

❶《人有人的用處》（The Human Use of Human Beings），北京商務印書館1978年版，第104頁。

中國的人體理論

在中國傳統自然科學中，最充分顯示中國思維特點的要數醫學了。中醫學建立了十分嚴整而博大的理論體系，是至今仍然屹立於世界科學之林的唯一的傳統學科。

中醫學擁有許多西醫所没有，而又被證明行之有效的東西，如針灸、湯劑、脈診……等等。這些正是中醫强大生命力的所在。然而，當我們説中醫學在發展中須維護和發揚自己的"特色"時，則主要不應是指那些具體的診療方法和手段，也不是指個别的具體的醫理。如果執着於那些具體的手段和醫理，勢必自己束縛自己的手腳。在我看，中醫學走向現代化而必須堅持的特色，只能是其認識人體、疾病以及防病治病的基本方法和基本原則。可歸納爲:(1)從自然和社會的整體環境觀察人體;(2)側重從動態功能和整體結構關係研討生理、病理與病因;(3)注重人體内部及人體與外界環境的信息聯繫。重視和利用人體系統的反饋調節。總之，中醫學的主要研究對象，是人體整體領域的規律。中醫學的巨大貢獻，正在於中國古代醫家在世界上率先進入了這一領域，並做出了輝煌成績。

中醫學之所以走上了這樣一條探察人體整體規律的道路，與中國古代系統思維是分不開的。

一、人體的陰陽二性

陰陽學說是中國醫學的理論根基，整套中醫理論和中醫學說史，離不開陰陽二字。陰陽觀念導源於八卦和六十四卦，但最早提出陰陽概念的，從留傳下來的資料看是《國語・周語》：周宣王即位（公元前827年），虢文公勸諫宣王不可廢馳藉田的儀節。他說，每年春耕時令一到，稷官"則遍誡百姓，紀農協功，曰：'陰陽分佈，震雷出滯，土不備墾，闢在司寇。'"周幽王二年（公元前780年）有地震，伯陽父曰："周將亡矣，夫天地之氣，不失其序；若過其序，民亂之也。陽伏而不能出，陰迫而不能烝，於是有地震。今三川實震，是陽失其所而鎮陰也。陽失而在陰，川源必塞。"從《周語》的這兩條材料可以看出，西周晚期，人們已用陰陽的矛盾運動來解釋節氣，地震等多種自然現象。值得注意的是，伯陽父對天地系統的秩序性和陰陽兩種力量的平衡表現出高度重視。秩序和相對平衡對於任何系統的穩定和正常運轉都具有決定意義，自然界秩序和平衡的破壞意味着混亂和災難。伯陽父的這一認識是對《易經》的發揮，標誌着中國系統思維在繼續深入、前進。

陰陽概念一經出現，很快被人們接受而廣泛應用起來。至遲春秋時，醫家開始將陰陽概念用於醫道。秦名醫醫和在爲晉侯診病時發表了一番議論："天有六氣，降生五味，發爲五色，徵爲五聲，淫生六疾。六氣曰陰、陽、風、雨、晦、明也。分爲四時，序爲五節，過則爲菑。陰淫寒疾，陽淫熱疾，風淫末疾，雨淫腹疾，晦淫惑疾，明淫心疾。"（《左傳》昭公元年）醫和把陰陽與影響氣候的六氣以及四時、五節聯繫起來，認爲構成天地系統的任何一種要素都必須適度而不可"過"，過則爲災，引起疾病。這段論述表明，天地是一個整體，萬物"同類相應"，人體與自然環境相統一，天地系統的不調會影響人體出現不適。

爲了促使天地六氣的變化協調適度，古代還採用了藏冰用冰之法。古人認爲通過冬藏冰，夏用冰可以調節氣候，致使"冬無愆陽，夏無伏陰。"，不再出現過則爲災的情況，從而增强人民體質與健康。這種作法，把天地四時節氣視作一個可以進行調控的系統。調控的基本方法是以寒制熱，增熱（藏冰）制寒，目標是實現氣候系統的陰陽相對平衡。這種調節陰陽的思想應用到人體，就構成了中醫學診療疾病的基本原則。

中醫學的陰陽學説認爲，世界上無論有形物體或無形的太虛，無論宇宙中的天體或大地上的物類，都發生着普遍的聯繫，處在無休止的運動之中。而一切事物的變化，都是在兩種對立勢力的相互作用之下發生的。諸如天與地，日與月，水與火，晝與夜，明與暗，寒與熱，動與靜，表與裏，上與下，生與死等等，無不是一些相互聯繫而又相互矛盾的事物和現象。整個世界就是由這樣一些矛盾着的事物和現象構成的。

在陰陽學説看來，所有相互對立的事物儘管千差萬別，但他們有着共同的特點，就是矛盾的雙方在性態上總表現出兩類特定的相反趨向：一類趨向爲明亮、活躍、向前、向上、溫熱、充實、外露、伸張、擴散、開放等；另一類趨向爲暗晦、沉靜、向後、向下、寒涼、虛空、內藏、壓縮、凝聚、閉闔等。古人把前一類性態稱作屬陽，把後一類性態稱作屬陰。由於陰陽是從具體事物與現象中抽象出來用以標示事物性態的範疇，並不代表某種具體的事物，所以《內經》説：“且夫陰陽者，有名而無形。”（《靈樞・陰陽系日月》）。

對於陰陽兩類屬性，《内經》認爲可以用“水”和“火”的特性來代表。它説：“水火者，陰陽之徵兆也。”(《素問・陰陽應象》) 在古人看來，火性炎熱、升騰、輕浮、活動，集中體現了陽性特徵，水性寒冷、沉靜、下降，正好反映出陰質的本性。因此可以利用水和火這對形象的矛盾，來理解陰陽這對抽象的概念。

陰陽學説認爲，陰陽兩個方面之間存在着對立統一的關係。二者相互對立，又相互依存，並且在一定條件下相互轉化。例如，季節上寒與暑雖然是相互排斥的，然而它們之間又有相互爲根的關係，當寒冷到達頂點的時候，就蘊涵着向暑熱轉變的契機，接着寒冷逐漸爲溫暖、炎熱的氣候代替；當暑熱到達頂點的時候，又爲寒冷氣候的出現準備好條件。於是，暑熱逐漸爲寒冷的氣候代替。一年四季寒來暑往，體現了氣候上的陰陽雙方相互依存和相互轉化。又如，在氣化理論中形與氣的矛盾，氣主動，主散，屬陽，形主靜，主凝，屬陰。動與靜，散與凝是相互對立的，但是形爲氣合而成，氣爲形散而來，因此二者又相互依存，相互轉化。《内經》説：“動靜相召，上下相臨，陰陽相錯，而變由生也。”（《素問・天元紀大論》）動靜、上下都是陰陽的具體表現，相召、相臨、相錯，即相互作用。就是說，正是陰陽的對立統一引起了世界的運動和變化。

在陰陽學說看來，陰陽關係是普遍存在的。這種普遍性表現在，事物之間的關係無論多麼複雜，都可以納入到陰陽這兩類範疇中去。《内經》說："陰陽者，數之可十，推之可百，數之可千，推之可萬，萬之大，不可勝數，然其要一也。"（《素問·陰陽離合》）意思是，五光十色，變化萬千的事物和現象，無一不是陰陽矛盾的展開和體現。明朝大醫學家張介賓說："陰陽者，一分爲二也。"（《類經》）肯定任何事物都包含着陰和陽兩個矛盾的方面。陰陽關係的普遍性，不僅表現在空間方面，而且表現在時間方面。萬物的產生和消滅，自始至終貫串着陰陽矛盾。正如《内經》所說："陰陽四時者，萬物之終始也，死生之本也。"（《素問·四氣調神》）認爲陰陽矛盾存在於一切事物的全過程之中。

依據陰陽學說，陰陽矛盾無處不存，無時不在。陰陽這兩種勢力此消彼長，此長彼消，互相制約，互相轉化，由此推動着世界萬物的運動、變化和發展，所以《素問·陰陽應象》說："陰陽者，天地之道也，萬物之綱紀，變化之父母，生殺之本始，神明之府也。”斷定陰陽，是一切事物運動的泉源和動因，是世界的根本規律。

陰陽學説通過陰陽之間既對立又統一的關係，反映了矛盾法則的基本要點，是中國古代樸素的對立統一理論。它把自然界紛紜衆多的事物和現象歸納成爲陰陽兩大類，提出陰陽是宇宙的根本規律，這對於指導人們提綱挈領地認識世界，把握事物的本領，在一定程度上辯證地理解事物的矛盾運動，具有巨大的積極意義。

但是陰陽學説與矛盾法則相比，有着質的差別，有自己的特殊性。

1．陰陽概念不同於矛盾概念

陰陽範疇與矛盾範疇不同。現代辯證指出，所有事物内部包含的對立都是矛盾，矛盾範疇對於各對立面的性質除了指出它們具有對立統一關係以外，不加任何其它限定。對立統一是宇宙中最普遍的現象，因此矛盾範疇適用於一切領域，是各種事物相互關係的最抽象最一般的概括。而陰陽範疇，不僅具有對立統一的屬性，還具有另外一些特殊的質的規定，即前面所説陰陽各自代表的一定趨向性態。所以陰陽儘管包羅萬象，在無限的宇宙中，畢竟只是一種有限的具體的矛盾形式。但是，正是由於陰陽範疇具有一定的具體規定性，所以陰陽學說除了包含着對立統一規律的某些一般原則之外，還具有矛盾概念所不能代替、不能涵蓋的特殊內容。這些內容主要由陰陽所概括的那些事物的特殊性態、特殊關係構成。它們表現在陰陽學說所研究的對象，如寒與熱、動與靜、虛與實、表與裏、升與降、散與聚等，那些以水和火爲徵兆的特殊矛盾之中。這類矛盾的特點是，對立面的一方必然有陽性特徵，而另一方有陰性特徵。凡是這類矛盾所具有的特殊的運動規律，都屬於陰陽學說的範疇。

正是陰陽學說的這些特殊內容，一方面體現了矛盾運動的一般法則，另一方面又使陰陽學說有可能與醫學更加緊密地結合在一起，從而爲辯證論治的核心——通過調節使人體恢復整體平衡，奠定了理論基礎，因此在探討陰陽學說時，既要注意它的一般性，又要注意它的特殊性。

2. 陰陽是功能動態性概念

陰陽有時代表陰氣和陽氣。氣在《淮南子》、《內經》等著作中雖然也分輕、重、精、粗，但整個中國哲學史上的氣概念是一種連續性的渾然的迷漫狀的物質存在。氣分輕、重、精、粗，並不是要從形質、結構和個體上去深究細研，而仍然是爲了轉向氣的整體功能屬性："清陽者，薄靡而爲天；重濁者，凝滯而爲地。清妙之合專易，重濁之凝竭難。""天地之襲精爲陰陽，陰陽之專精爲四時，四時之散精爲萬物。"（《淮南子·天文訓》）中醫學裏的氣，也具有物和功能兩個方面的涵義，而且常常主要標示功能，如氣的寒熱、聚散、升降、邪正等。總之，氣的形質方面是模糊的。而對氣的功能方面，給予了盡量的發揚。氣被視作事物間一切聯繫的媒介。古人把自然界及人體内外的幾乎所有關聯，都歸之爲氣的作用，如天地、四時、經絡、臟腑等的聯繫，都依仗氣的功能，通過氣來實現。在中醫理論中，氣是標示一切聯繫和作用的概念，其中包括信息聯繫。古希臘的原子論與中國古代氣概念在許多方面有着正相反的屬性和趨向，很值得我們進行比較研究。

陰陽概念與氣不同，它純然代表動態功能屬性。前面提到陰陽可以用水和火的矛盾來象徵。"水火者"，説的正是水和火所代表的潤下炎上等動態功能。"且夫陰陽者，有名而無形。""名"即指功能性態，而與形質相對。陰陽没有固定的形體，它不研究事物的形質、實體，而只代表兩種功能屬性：

"陰靜陽躁，陽生陰長，陽殺陰藏，陽化

氣，陰成形。”（《素問·陰陽應象》）

“去者爲陰，至者爲陽，靜者爲陰，動者爲陽；遲者爲陰，數者爲陽。”（《素問·陰陽別論》）

總之，陰陽概念分別表示兩種動態趨向，它所關心的只是事物的功能關係。

3．强調整體平衡和調節

陰陽學說偏重講陰陽的相互依存，相互合作，相反相成。如《内經》說：“陰在内，陽之守也，陽在外，陰之使也。”（《素問·陰陽應象》）“陰者藏精而起亟也。陽者衞外而爲固也。”（《素問·生氣通天》）《内經》的這種思想與《易傳》相一致。《說卦傳》說：“故水火相逮，雷風不相悖，山澤通氣，然後能變化，既成萬物也。”强調變化、成物在於陰陽的聯結、貫通、滲透、合作。

陰陽學說强調平衡是萬物正常存在和發展的必要條件。如《禮記》說：“陰陽和而萬物得。”（《郊特性》）《内經》也說：“陰陽匀平，以充其形，九候若一，命曰平人。”（《素問·調經論》）“陰陽乖戾，疾病乃起。”（《素問·生氣通天》）“亢則害，承乃制。”（《素問·六微旨》）

陰陽學說在强調平衡方面有重大貢獻。從哲學道理來講，一切事物的發展都不能脫離這樣兩個環節，就是平衡和不平衡。這兩個環節對事物的發展都是不可缺少的。没有事物的平衡，物質不能分化，也就没有物質的具體的屬性。没有“質”的存在，没有性質的區分；當然，如果没有不平衡，事物也不能發生質變。據此，人們的實踐應當分爲兩大類，根據利害需要，或者維持、或者破壞事物的整體平衡，以保存或消除不同的事物。醫學研究的是人體，目的在於保證人的健康長壽，所以必須設法保持人體的整體平衡。陰陽學說對於醫學來說，强調平衡確是符合它的需要，儘管陰陽對不平衡重視不夠，但對醫學的影響不大。

中醫學的陰陽理論不僅强調了平衡，而且對陰陽之間如何達到平衡作了一些非常有價值的探索，這就是人體陰陽之間的相互調節問題。

有生命的機體怎樣適應外界的變化？機體內部維持平衡的機制是怎樣的？這是生物學和哲學直到現在還須繼續深入研究的問題。中醫學關於陰陽平衡和調節的理論對這個問題提供了線索。總的來說，陰陽的相互調節可以分爲兩個方面：一是陰陽相互爲根，相互爲用。“陰者藏精而起亟也，陽者衞外而爲固也”，就是通過陰陽合作、相互補足來達到調節的目的。再就是通過陰陽之間的相互約制、相互排斥來調節，比如“陰盛則陽病，陽盛則陰病”（《素問·陰陽應象》），這個判斷中包含着這樣的思想：如果陰陽的某一方亢盛的活，那麼與它相對的另一方就會起抵消其偏盛的作用，從而維持機體平衡。只有當這個抵消作用不能控制對方的偏盛的時候，或抵消功能因故喪失的時候，機體才顯示出病態。這種陰陽的相互調節增强了機體的抗病能力和機體對外界的適應性。這樣，從原則上揭示了生物體維持自身穩定，適應外界環境，保持機體相對平衡的秘密。

在這一理論基礎上，《内經》提出了“調陰與陽”的治療方法。《素問·陰陽應象》說：“故善用針者，從陰引陽，從陽引陰，從右治左，以左治右”。就是利用陰陽的相互作用，通過對陰（或陽）施加影響，而達到治療陽（或陰）的效果。這就告訴我們，治病必須從陰陽正反兩個方面考慮，不能只看到一個方面，忽視另外一個方面。因此在治療途徑上，既可以針對病情採取正面治療，即陽病治陽，陰病治陰，又可以採用側面調節，實行“陽病治陰，陰病治陽”。（《素問·陰陽應象》）或者雙管齊下。總之要根據病人具體情況，制定適當的治療方案。這種治療法則從病人整體出發，考慮全面，治療的副作用小，不僅注意到祛除病邪，而且注重增强和調動整個機體的抗病能力，表現了辯證施治的優點。

陰陽調節的思想和現代控制論中的負反饋相一致；反饋的基礎是相互作用。不管反饋表現得多麼複雜，從哲學上講都可以抽象爲作用和反作用兩個方面。陰陽通過依存互根，彼此約制，求得平衡，正好體現了負反饋調節的基本精神。

4．陰陽反照

《素問・天元紀》說："陽中有陰，陰中有陽"。陰陽反照，即陰陽之間的相互反映，相互包涵，你中有我，我中有你。故由陰可以見陽，由陽可以見陰。陰陽反照的特性來源於陰陽的相互作用。由於相互作用各自把自己的信息傳遞給對方，同時又成爲對方信息的接受者和儲存者。通過陰陽反照關係來認識事物，這才是充分顯示中國特色的認識論。下面談中醫學的信息方法時，我們再作詳細討論。

二、"五行"的功能結構理論

五行學說的淵源很早，其濫觴可以追溯到商代的五方說。五方說見於殷人留下的甲骨文中，如有這樣的記載：

"東方曰析，鳳（風）曰脅。南方曰夾，

鳳曰凹。西方曰，鳳曰彝。□（北）□（方）曰□，□（鳳）曰□。”（引自胡厚宣《甲骨學商史論叢初集》）

“癸卯今日雨：其自西來雨？其自東來雨？其自北來雨？其自南來雨”？（引自郭沫若《卜辭通纂》）

五方説把殷人所在地域稱作“中商”，與“東土”、“南土”、“西土”、“北土”相並列，説明那時已經有了東、南、西、北、中五個方位的觀念，而且人們還把春夏秋冬四時風雨氣候的變化與五個空間方向聯繫起來觀察，認識到五個方位的重要意義，發現不同方向的風雨與不同的季候有着密切聯繫，對於農業生產會產生出各不相同的影響。五方説顯示出古人欲用五方概念總括空間整體的意向，這種思想包含着整體觀念的萌芽。

繼五方説之後，西周出現了五材説。關於五材説，史書中有不少記載，如“水火者，百姓之所飲食也；金木者，百姓之所興作也；土者，萬物之所資生也，是爲人用。”（《尚書大傳》）“天生五材，民並用之，廢一不可。”（《左傳》襄公二十七年）“故先王以土與金、木、水、火雜，以成百物。”（《國語・鄭語》）五材説總結當時的科學知識，認爲金、木、水、火、土五種物質要素是構成和資生萬物的基礎。五材説表明，古人試圖從五種物質構成的關係上來把握一切有形物體的整體。

五行學説是在五方説和五材説的基礎上發展起來的。但是五行學説比它的前身已經有了質的變化。五行理論的最早提出，應以《尚書・洪範》爲標誌。它寫道："五行：一曰水，二曰火，三曰木，四曰金，五曰土。水曰潤下，火曰炎上，木曰曲直，金曰從革，土爰稼穡。潤下作鹹，炎上作苦，曲直作酸，從革作辛，稼穡作甘。"這段話對五行中每一行的性質作了分析，並且説明，在五行理論中，水、火、木、金、土已主要不再是關於五種物質材料的概念，它們的主要含義已由五種物質材料升華爲潤下、炎上、曲直、從革、稼穡等五種功能屬性。這五種功能屬性並不單純屬於水火木金土五材，而且屬於鹹、苦、酸、辛、甘五味以及其他一些事物。《洪範》以後，《禮記・月令》、《呂氏春秋》、《黃帝内經》等著作把這五種功能屬性抽象出來，作爲五個相互關聯的方面，分別由木、火、土、金、水來代表，形成一種穩定的結構模式，認爲宇宙間萬事萬物統一地具有這種五行結構。正是基於這樣的理論觀點，形成了完整的五行學説。

五行學説的基本特點是，它不研究自然界的實體究竟是由甚麼質料構成的，也不考察事物之間具體的作用方式。五行學説着意研究的是事物内部和事物之間最一般的結構關係，並用五行結構觀念構成關於自然的理論體系。木、火、土、金、水實際上變成了代表五種功能屬性的符號，而與陰爻陽爻六爻八卦相類似。

在五行結構中，五行之間的相生相克是最基本的關係。乘侮、勝復和制化關係是在相生相克的基礎上產生出來的。相生，即滋助，養長，促進的意思；相克或相勝，則包含克制、壓抑、約束之意。依照五行法則，相生相克關係是固定不變的，即木生火，火生土，土生金，金生水，水生木；木克土，土克水，水克火，火克金，金克木。可見，五行中的每一行，都承受着"生我"、"我生"、"克我"、"我克"四種關係，所以雖然就任何兩行之間的直接關係（或生或克）看來，是不平衡的，但是就每一行的關係總和以及五行結構整體看來，相生相克是平衡的。五行之間的這種生克關係，是事物在正常情況下的内在聯繫，它們維持着事物的正常生化和協調發展。這就是所謂五行制化。

相乘和相侮，則屬於事物的異常現象。所謂異常包括太過或不及兩種情況。如木太過，則它對土會發生超過正常限度的克制，稱之爲相乘；並反過來對克它的金加以欺凌，各之曰相侮或反侮。如木不及，則金就會來乘木，土也會給木以反侮。相乘和相侮的出現，將造成五行系統的局部不平衡。但是一當出現克制太過的情況，那麼由於五行之間交錯的連鎖式的生克關係，在五行結構內部必然會產生出一種剛好相反的力量，將其壓制下去。古人把超過限度的克制稱作“勝氣”，把反過來壓制勝氣的力量稱作“復氣”。經過復氣對勝氣的調節作用，最後仍然會使五行結構恢復相對平衡的狀態。

五行學說認爲，凡是具有五行結構的不同事物之間，也會按五行法則發生一定的聯繫。屬於同一行而不同種的事物，由於它們有一定的相同的功能屬性，因而同氣相求，相應相通。如五味入胃，各歸其所喜攻，酸先入肝，苦先入心，甘先入脾，辛先入肺，鹹先入腎。因爲酸（木）、苦（火）、甘（土）、辛（金）、鹹（水）依次與肝（木）、心（火）、脾（土）、肺（金）、腎（水）屬於同一行。屬於不同行的不同種事物，也可能發生一定的相生相克關係。如《內經》説：“夫邪氣之客於身也，以勝相加”。（《素問・藏氣法時》）意思是六淫邪氣侵入人體，將按照五行相克的法則戕害五臟，即風淫傷脾（風屬木，脾屬土，木克土），暑淫傷肺（暑屬火，肺屬金，火克金），濕淫傷腎（濕屬土，腎屬水，土克水），等等。

爲甚麼所有事物都具有五行結構，遵從五行法則呢？在五行學說看來，宇宙萬物的運動並非雜亂無章，各行其事，而是步調相應，秩序井然。春夏秋冬四時的更替和東西南北中五方的變換，對於事物的形成和變化，具有決定性的影響。如《内經》說："故陰陽四時者，萬物之終始也，死生之本也"。（《素問·四氣調神》）又說："天有四時五行，以生長收藏，以生寒暑燥濕風"。（《素問·陰陽應象》）一年四時爲陰陽的消長所形成。它們直接決定和影響着萬物的生長、壯大和死亡。王冰也解釋道："時序運行，陰陽變化，天地合氣，生育萬物，故萬物之根悉歸於此"。（王冰次注《黃帝内經素問》）在直觀所及的範圍内，自然界經常有節律的變化，同時又是對萬物和人體影響最大的變化，的確首推四時的更替。而四時的變換與來自不同方向的風雨又有密切聯繫，並且五方不同，氣候也各異。

爲了使時間觀念與空間觀念統一起來，適應古代已經流行的五方說和五材說，古人將四時也分爲五個變化階段，即在夏秋之間再獨立出一個"長夏"，又叫做"季夏"。古人認爲，既然萬物的生死取決於陰陽五時的變化，因此，萬物的運動，必然隨着四季的周而復始，表現出相應的周期性和階段性。這種運動的周期性和階段性，又使各種不同事物的內部形成相應的統一結構。這樣，在古代天文學、地理學、氣象學、物理學、生物學和哲學等多種知識的基礎上，終於形成了五行學說，提出五行生克作爲一切事物普遍適用的整體結構模型。

五行學說把整個宇宙看作是一個按五行法則構成的龐大的五行母系統，它以五季（即四時）和五方爲核心，向外伸展開去。每一項具體事物各是一個五行子系統。它們和它們的每一部分按其不同的功能屬性，各自配列到宇宙的五行體系之中。所有子系統都從屬於母系統，它們之間具有鮮明的同構關係和統一的運動節奏。

歸納起來，五行學說主要包括以下三個方面的內容：（1）它力求證明一切事物內部都具有一定的結構，並且要求從結構關係的總體及其與外界環境的聯繫上研究事物，而反對孤立地考察事物的構成要素和個別過程，因此五行作爲一種方法論，實際上把所有對象都當作系統整體來對待。按照這種方法研究事物，就有可能獲得關於事物整體的某些規律性。（2）它認爲一切事物的內在結構在發生學上有着共同的根源，因而存在着普遍的邏輯上的相似性，具有統一的結構形式。這種統一的結構形式，就是五行。依據五行法則，可以推知事物的某些性質和關係。(3)它指出，五行結構系統具有保持動態平衡的能力，並通過五行生克勝復的反饋聯繫，說明了五行系統能夠保持相對穩定的原因。依據以上三點，五行學說就其本質是古代中國特有的一種樸素的普通系統論。

古人把五行學說應用於醫學，對研究和整理古代人民積累的大量臨床經驗，形成中醫學特有的理論體系，起了巨大的推動作用。它促使人們從系統結構的觀點觀察人體，有助於比較辯證地認識人體局部與局部，局部與整體之間的有機聯繫，以及人體與生活環境的統一。五行學說的應用，使中醫學的整體觀念得到進一步加强和系統化。

但是五行學說作爲一種直觀樸素的理論，不可避免地存在着許多缺點。它自發地把整個世界看作是大大小小的系統整體，因而只能在某種固定的簡單的數字排列中，在某種特殊的物質屬性(木、火、土、金、水)和特殊的關係(相生相克)中，去尋找系統整體普遍適用的結構模型。這樣構築起來的結構模型，不可能對世界作出真正科學的說明。

五行學說把五季、五方、五氣、五材、五臟、五色、五味等不同事物排列起來，構成世界的五行關係圖式，主要是根據經驗積累，採用樸素的統計方法，將那些直觀可察的大量重複出現的現象之間的聯繫確定下來，逐漸形成的。用這種方法確定下來的聯繫觀念，能夠在一定範圍內和一定程度上反映事物的某些規律性，有一定的實用價值，但不可能深入地掌握事物的內在本質，更不可能完全地把握整個世界的結構圖景。但是五行學説把事物看作是一個系統，强調對事物進行整體觀察，要求分析事物內部和事物之間的結構關係，並注意研究它們維持整體動態平衡的機制，這些原則都是正確的，可貴的。五行學説關於五行生克勝復以及其他一些有關自然界普遍聯繫的具體論述，也包含着許多深刻的合理內容，有待於我們發掘，整理和提高。

三、古樸的身體信息方法學

1. 間接認識

原始的信息觀念在先秦已經萌生，學者們意識到，人類不僅通過語言、文字自覺地傳遞信息，人們的機體和機體之間，機體各器官組織之間也有信息傳遞。如《呂氏春秋》説："身在乎秦，所親愛者在於齊，死而志氣不安，精或往來也。"（《精通》）親人在齊國死亡，自己身在秦國，並未得到傳信，卻感到心神不安，或許有某種精氣在自己和親人之間往來交流，傳遞信息吧。

一個事物所具有的屬性，能夠以信息的形式傳遞給另一個事物。借助對另一事物的觀察可以認識原來的那個事物，這種現象，中國古代早有一定了解和利用，先秦典籍中就有不少記載。陰陽學説認爲，這種現象發生的原因在於，任何事物都分陰陽，都與周圍事物發生陰陽相互作用關係，致使關係雙方彼此反照，相互包含，“陽中有陰，陰中有陽”，因而可以做到“以陰見陽，以陽知陰”。中醫學認識人體、病因、藥性，主要依靠“陰陽反照”，通過間接的途徑獲得。過去學術界研究陰陽，多從二者的内涵和對立統一關係着力。然而，陰陽在中國古代的意義和價值並不止於此，它原來還是一種重要的認識方法。

請看《内經》等的有關論述：

> “地者，所以載生成之形類也；虚者，所以列應天之精氣也。形精之動，猶根本之與枝葉也，仰觀其象，雖遠可知也”。（《素問・五運行》）

> “日與月焉，水與鏡焉，鼓與響焉。夫日月之明，不失其影；水鏡之察，不失其形；鼓響之應，不後其聲。動搖則應和，盡得其情”。“昭昭之明不可蔽，其不可蔽，不失陰陽

也。合而察之，切而驗之，見而得之，若清水明鏡之不失其形也。五音不彰，五色不明，五藏波蕩，若是則內外相襲，若鼓之應桴，響之應聲，影之似形。故遠者司外揣內，近者司內揣外，是謂陰陽之極，天地之蓋。”（《靈樞・外揣》）

醫家利用機體表裏內外有形與影，鼓與響的對應關係，利用機體對病邪，對藥物會產生確定性反應的原理，主要（不是全部）借助對人體表徵的觀察，分析機體對外界刺激的各種不同反應，逐步推知人體內部構造，得出藏象經絡理論；同時逐步推知病因藥性，得出中醫病因學和藥物學。前者屬於“司外揣內”，“由遠及近”，後者屬於“司內揣外”，“由近及遠”，鮮明地體現了“陰陽反照”——間接認識的特點。

中醫學爲了尋找藥物和證候之間的規律性聯繫，準確使用藥物，須要盡量精細地對疾病進行證候辨析。病因辨證即審證求因，是對證候辨析的一個方面。爲了精確細密地確定證候的特殊本質，一方面要確定疾病對人體的哪些整體功能產生了破壞作用，另一方面須要確定致病因素的特殊性。致病因素，不論中醫學所講的“外因”、“內因”、“不內外因”，歸根到底由外界因素，由人體與外界的相互作用引起。所以臟腑辨證、六經辨證，屬於從體內方面確定證候的特殊本質，病因辨證則主要是從人體以外的方面來確定證候的特殊本質。

然而，非常有趣的是，正如前面所述，中醫臟腑概念和六淫（風、寒、暑、濕、燥、火）病因概念又在很大程度上依靠辨證推導而來。古代醫家由於技術水平所限，不能直接觀察機體內部構造和運動，沒有能力找到引起疾病的許多物能因素，如病菌、病毒和各種有害的化學物質，等等。爲了認識人體和疾病，他們採用了以人體證候爲依據向外推認病因和向內推認臟腑機理的方法。研究病因的目的是爲了消除病因，如果能夠對機體內部構造和致病因素進行實體性研究，那麼就可以將藥物與病因病變直接聯繫起來加以觀察，如甚麼藥物能控制甚麼病菌，甚麼藥物能糾正甚麼實體性病變，等等，可是古代醫學家作不到這一點，他們只能在隨機治療過程中，進行臨床整體觀察，通過人體**證候**這個唯一可以直接辨析的對象，將藥物與病因，藥物與機體內部的運動聯繫起來。這就是說，用一組證候的變化確定某一受到破壞的臟腑組織的功能，同時標示某一種病因的功能特性。凡是能消除這一組證候的藥物，就是能夠消除該種病因，能夠對該臟腑組織發生某種作用的處方。這種藥物的藥性也就由此而確定下來。所謂藥性，即指其祛邪（憑借藥物的四氣五味、升降沉浮消除病因）和歸經（藥物在人體發揮作用的適用範圍）的功能。

因此，説中醫學的主要特點在於“辯證論治”，是有道理的。因爲它以辨析證候爲中心，應用陰陽反照的原理，建立起自己的生理學、病理學、病因學、藥物學和治療學。“司外揣内”、“司内揣外”這個共同的方法論基礎，把中醫學的各個組成部分緊密地結合在一起，使它們構成一個有機的統一體系。這個理論體系的獨特性和統一性不在於其完整性，而根源於它的認識方法的特殊性和一貫性。這種認識方法的特點是：偏重認識對象的整體功能而不重實體；利用信息的傳遞和儲存原理進行間接的現象觀察；將被反映者（病因、臟腑、藥物）和反映者（機體表徵）的功能屬性綜合到一起，而以機體表徵，即證候，作爲認識的中心環節和判定對象屬性的標準。

認識方法決定着認識結果的性質和特點。中醫臟腑（心、肝、脾、肺、腎、大腸、小腸、膽、膀胱、胃、三焦）雖然有其解剖學的一定根據，但從主要方面看，乃是關於人體内部結構組織的綜合性整體功能模型。六淫病因——風、寒、暑、濕、燥、火，本來是指六種過度的氣候因素，也有其實體性的物質基礎，但是後來醫家把人體的六組證候羣即六類人體整體機能病變反應分別加到六淫之上，因而從本質上說，六淫是標示能夠使人體產生六類證候的病因符號或曰病因功能模型。

2．人體全息現象論

由於系統整體的各個構成要素之間有相對穩定的結構聯繫，各要素通過相互作用而把自己的屬性以信息形式傳遞出去，同時也在相互作用的過程中，接受了別的要素傳來的信息，因此，系統的每個要素原則上都寓含着其他所有要素以及系統整體的信息，系統的等級越高，局部反映整體的現象越明顯，局部中所包含的關於整體的信息也就越完整，越清晰。換言之，系統的全息性就越强。這個道理古人雖然尚不能解釋清楚，但是先秦的學者們在實踐中已經廣泛地應用了。對於複雜系統，他們常採用觀察某一局部現象以判定其全身狀況的認識方法。

古代醫家將對系統的這種全息特性應用於人體研究，在世界上首先發現並建立起關於人體外部表徵的全息理論，或曰人體全息現象論。

（1）面色五官

“曰：余聞刺有五官五閲，以觀五氣。五

氣者，五藏之使也，五時之副也。願聞其五使當安出？曰：五官者，五藏之閱也。……脈出於氣口，色見於明堂，五色更出，以應五時，各如其常”。（《靈樞・五閱五使》）

“庭者，首面也；闕上者，咽喉也；闕中者，肺也；下極者，心也；直下者，肝也；肝左者，膽也；下者，脾也；方上者，胃也；中央者，大腸也；挾大腸者，腎也；當腎者，臍也；面王以上者，小腸也；面王以下者，膀胱子宮處也；顴者，肩也；顴後者，臂也；臂下者，手也；目內眦上者，膺乳也；挾繩而上者，背也；循牙車以下者，股也；中央者，膝也；膝以下者，脛也；當脛以下者，足也；巨分者，股裏也；巨屈者，膝臏也。此五藏六府肢節之部也，各有部分。”（《靈樞・五色》）

“五氣”指五藏之氣，“使”者，信使也。以五氣爲五藏之“使”，意謂五氣負載五藏的信息，將其傳遞到面部五官的相應部位而顯示於外。從總體上說，鼻子（明堂）的色澤可以反映五藏的健康狀況。如果鼻部依四時迭次顯出春青、夏紅、長夏黃、秋白、冬黑，則表明五藏無病。若作更細密的觀察，那麼天庭（上額）代表頭部，眉間以上（“闕上”）代表咽喉，眉間（“闕中”）代表肺，二目之間（“下極”）代表心（“王宮”）。鼻之準頭代表脾，鼻柱部位爲肝，二鼻翼（“方上”）代表胃。鼻之兩側從上至下分別代表膽、小腸、大腸、腎、臍。鼻唇溝兩側上爲膀胱，下爲子宮，等等。《內經》認爲，面部各部位的色澤反映相應藏器肢節的健康狀況。面部五官可謂人身整體的縮影。

（2）寸口脈象

“十二經皆有動脈，獨取寸口，以決五藏六府死生吉凶之法”。“寸口者，五藏六府之所終始，故法取於寸口也。”（《難經·一難》）

“三部者，寸、關、尺也。九候者，浮、中、沉也。上部法天，主胸以上至頭之有疾也；中部法人，主膈以下至臍之有疾也；下部法地，主臍以下至足之有疾也。”（《難經·十八難》）

《內徑》《難經》認爲，寸口脈象能夠反映五臟六腑周身的狀況。寸口又名氣口，指手腕後之撓動脈。《難經》將寸口脈從前至後分爲寸、關、尺三部，每部各有浮取、中取、沉取，故爲三部九候。上部寸脈（即前部）取法於天，主診胸部以上至頭部是否有疾；中部關脈取法於人，主診膈膜以下至臍是否有疾；下部尺脈（即後部）取法於地，主診臍以下至足是否有疾。魏人王叔和在其《脉經》中，對臟腑與寸關尺三部的分配重新作了調整，後世臨症應用較廣。

（3）耳殼

耳針療法在中醫典籍中早有記載。依據《靈樞》，手三陽經和足三陽經都循行於耳，而手三陰經和足三陰經又與陽經有表裏關係，所以十二正經都與耳相關聯。故"耳爲宗脈之聚"。耳通過經絡系統與全身發生緊密的聯繫。古代醫家發現，人體的各個部分與耳殼的不同部位有確定性的對應聯繫。人體臟腑四肢九竅患病時，其在耳殼的相應部位就會出現病變反應，如壓痛、變形、變色等。耳殼上的臟腑組織器官對應點，其分佈有一定規律，將它們連綴起來，恰似子宮内的一個倒置胎兒：耳垂對應面部；對耳垂對應頭部；耳輪腳對應膈肌；對耳輪對應脊椎；對耳輪上腳對應下肢；對耳輪下腳對應臀部；三角窩對應生殖器官；耳舟對應上肢，耳甲窩對應腹部；耳甲腔對應胸部；耳輪腳周圍對應消化管；耳殼背面對應背部。

除上述各項之外，古代醫家還發現眼睛、舌苔、尺膚（腕至肘間的皮膚）等部位，都能反映全身狀況。

3. 視人體爲信息調控系統

《内經》把人體看作是一個能進行自我調節和控制的系統。在這個系統中，心是控制中樞。它說：

“心者，君主之官也，神明出焉。肺者，相傅之官，治節出焉。肝者，將軍之官，謀慮出焉。膽者，中正之官，決斷出焉。膻中者，臣使之官，喜樂出焉。脾胃者，倉廩之官，五味出焉。大腸者，傳道之官，變化出焉。小腸者，受盛之官，化物出焉。腎者，作强之官，伎巧出焉。三焦者，決瀆之官，水道出焉。膀胱者，州都之官，津液藏焉，氣化則能出矣。凡此十二官者，不得相失也。故主明則下安。以此養生則壽，歿也不殆，以爲天下則大昌。主不明，則十二官危，使道閉塞而不通，形乃大傷，以此養生則殃，以爲天下者，其宗大危，戒之戒之。”（《素問·靈蘭秘典論》）

心就像一國的君主那樣，支配和管理身體的各個器官。必須通過“使道”與其他器官發生聯繫：感知各器官的狀況，向其發佈指令。這些“使道”即全身的經絡，它們是調節與控制的傳導系統。而沿經絡運行周身的氣血，則是使控制與調節得以實現的具有特殊功能的物質實體，起信息及其載體的作用。《内經》雖然没有明確講出這一層道理，但是已經蘊涵着這樣的思想。

控制中心要按照預定的目標保持系統的平衡，指揮系統的各個組成部分諧調統一行動，對一切偏離規定的狀態加以糾正，使其恢復正常。控制中心必須與系統的各個部分保持及時準確的信息聯絡，形成反饋線路。對於這一道理，先秦的許多學者在解釋社會管理問題時表現出，他們已經有了某些簡單的瞭解，並把這種認識與人體器官組織行爲的控制過程聯繫起來。《呂氏春秋》寫道：

> "令出於主口，官職受而行之……還周復歸，至於主所，圜道也。令圜，則可不可，善不善無所壅矣。無所壅者，主道通也。……人之有形體四肢，其能使之也，爲其感而必知也，感而不知，則形體四肢不使矣。"（《圜道篇》）

心主神明，是主管思慮和全身知覺的器官。形體四肢之所以能受心的支配和調節，其原因在於當形體四肢與外物有所接觸（感）時，體內神氣即會將感覺通過經絡傳導到心（知），心作爲一身之君，則對外界發生的情況加以分析，就應當做出何種反應進行思考，然後再通過神氣將經過思慮而做出的指令傳達到形體四肢。神氣和經絡溝通了心與全身的聯繫，使心能夠實現對形體的控制。

一般認爲，系統傳出的信息即給定信息對被控對象發生支配作用，其產生的結果即真實信息會循環路再輸送回來。返回的真實信息將對系統再輸出信息產生影響。這一信息的回還和影響再輸出的過程被稱作信息反饋。反饋是以系統過去行爲的結果來調整系統的未來行爲。人體中，心爲君，心和臟腑、四肢、軀幹的關係就如君主同臣民的關係。心發佈命令傳至肢體器官，肢體器官在執行過程中又把執行的情況及時通過經絡氣血上達給心，心作爲一身之主依據回傳的信息，對"可不可，善不善"做出判斷，對原來的指令加以評價和校正。然後再將經過審慎加工而作出的新指令傳達給有關器官組織。機體内信息傳輸、儲存、加工的具體過程和機制，古代中醫學顯然不清楚，但是通過信息實現反饋調節的觀念還是明確的。《呂氏春秋》所說的"感"意味着信息的接收和傳輸。"知"在一定程度上包括對信息的加工處理。氣血經絡溝通了心與全身的聯繫，使心能夠實現對形體的控制與調節。這種認識正是關於人體的樸素的控制理論。

中醫針灸療法以藏象經絡學說爲理論基礎，而它所特別强調的正是藏象經絡學說中將人體視作一個信息調控系統的這個方面。現代科學認爲，物質、能量、信息是世界上三種最基本的存在形式。因此，引起疾病的原因大體分爲三類：物質原因、能量原因和信息原因。與此相應，治療疾病的方法也包括三種：物質療法，即化學治療；能量療法，即物理治療；信息療法，即通過向人體輸入信息，達到治愈疾病的目的。

從現代科學的眼光看，針灸是中醫學發明的一種有良好臨床效果的信息療法。針刺、艾灸、砭石壓刺、按摩、推拿、捏積、刮痧、割治、氣功以及現代中醫使用光、聲、電、磁、放射性粒子流進行穴位刺激，用中西藥物實行穴位注射等，都以經絡爲根據。儘管它們將一定的物質和能量傳入機體，但用這些數量極小的物質和能量本身的性能，難於說明爲甚麼能夠產生如此巨大的臨床效果。同時也難於說明，爲甚麼它們輸入機體的物質和能量的性質不同，如果選穴相同，卻能治療同一種疾病，取得一致的效果。實際過程是，穴位刺激的手段不同，但經過俞穴組織的轉換，卻能把它們變爲可在經絡中傳遞的同一種信息碼，携帶着與刺激相應的信息內容，通過經絡傳輸到機體控制中樞，使機體自控系統的功能得到改善和加强，或造成某種特異化狀態，以致將機體內原來深藏着的抗病能力調動出來，集中起來，從而提高機體的自然痊癒機能，祛除病邪，恢復健康。因此，針刺無論補泄，都必然加速機體正氣的消耗，這就是爲甚麼陰陽俱衰、極度虛弱的人不宜用針的道理。儘管傳統中醫學對人體自控系統的理解十分樸素，對針灸治病機理的解釋也很古樸，但是針灸以及其它一切穴位刺激療法，實質上都是對人體自控系統和信息調節功能的利用。

中醫重視信息，不僅表現在針灸和其它穴位刺激療法上，還表現在中醫强調精神情緒對人體健康的重要作用。中醫學認爲，不良的精神刺激可以致病，而適當的合於規律的勸導或精神刺激也可以祛病。不同的情志（怒、喜、憂、悲、恐）之間，有相生相克的關係。關健在於通過信息調節，使心理情態達到平衡。

中國的審美意識

陰陽五行觀念對中國古代科學和藝術的發展，產生過深遠影響，但是由於陰陽五行的思維方式和宇宙觀念，與西方近代自然科學（十七——十九世紀）的哲學基礎迥然相異，又由於陰陽五行常常和占卜迷信黏連，所以自牛頓力學在中國傳播，長時間裏與其說不被人們重視，毋寧說不被人們理解。

陰陽五行有久遠的歷史，它發祥於中國古文化的搖籃之中。在周秦最早的文化典籍中，已有不少關於陰陽五行的論述，後來一直綿延不竭。陰陽五行觀念，特別是陰陽，它們不專屬於古代的那一個思想派別，而是屬於整個中國民族的。許多源宗不同的哲學家和思想派別儘管立場各異，卻共同承認陰陽和五行的理論。對中國傳統科學和藝術影響最大的儒道兩家，就是這樣。

藝術是最能表現一個民族的性格、精神和文化特徵的。中國傳統藝術，音樂、雕塑、建築、繪畫、詩詞、戲曲、書法，自成體系，別具風骨，以一種東方特有的空靈淡雅的風貌，吸引着全世界。陰陽五行對形成中國特點的作用，不僅表現在春秋戰國時期陰陽五行學說的音樂美學思想中，而且表現在後來的一切藝術門類之中。陰陽，以及由陰陽衍生出來的虛實、表裏、動靜、形神等乃是中國美學理論不可缺少的重要概念，已足可證明陰陽五行對中國審美意識的影響。

一、人是宇宙中心與主觀抒發

西方傳統藝術歷來主張"摹仿自然"。亞里士多德認爲最好的藝術必須"照事物的應當有的樣子去摹仿"。（《詩學》第二十五章）而摹仿是人的"一種自然的本能"，人通過摹仿來學習，並"從摹仿的作品中取得愉快之感"。（《詩學》，第四章）强調對外物的摹仿和反映，對自然和現實"不是從主觀方面去理解"，不是從主觀方面去表現，這是從古希臘發端的西方傳統藝術和美學的基本立場。

與西方的摹仿說不同，中國傳統藝術具有很强的主觀表現性。藝術家在創作過程中十分自覺地把內心世界、主觀精神傾注到審美對象中去，因而藝術作品所描繪的客觀景物，總是包含着作者的情思和對生活的評價。讀者在欣賞過程中，也必須發揮理性的想像作用，才能理解作品的真諦，獲取美的享受。關於這方面的論述，古往今來已數不勝數。西方傳統美學强調對現實的再現，偏重於追求關於自然的知識，中國藝術偏重抒發主體精神，追求主體人格的精神自由。這明顯地呈現出兩種不同的藝術趨向。

中國傳統美學强調審美主體的心、意在藝術活動中的積極作用，其哲學的心理的根源主要在於中國漢民族對於人和自然、人和現實的關係，有自己特殊的理解。從中國古代的許多神話故事，如女媧補天、后羿射日、精衞填海、夸父追日等，以及許多歷史傳說，如神農嘗百草、大禹治水等可以想見，我們的先民在進入文明社會之前，在黃河流域和長江流域廣大的天地間，與各種惡劣的生活條件和自然災害進行過長期艱苦卓絕的對抗，並且取得了輝煌的成功。這種情況，與生活在風光怡人的愛琴海岸的古希臘人是不同的。長久的戰鬥歷程，特別是像大禹治水這樣規模宏大的戰勝水患的過程，給中國漢民族幼年的心理留下了深刻的印痕，對中國漢民族早期理性思維的發展，宇宙觀念和心理特徵的形成產生了深遠影響。這些印痕和影響在《尚書》和其他先秦典籍中，可以說到處都能找到。陰陽五行觀念的孕育與此有着密切關係。中國漢民族改造自然，戰勝自然的悠遠歷史，使他們很早就萌生了自己掌握自己命運的要求和信念，以及樂觀、進取和重視理性的精神。這種精神在殷周之際形成的八卦和六十四重卦中已有明顯的表現。

八卦由陰爻（--）和陽爻（—）構成。八卦相互重疊產生六十四重卦三百八十四爻。《易經》記錄了六十四卦的卦辭和爻辭。這裏有對神秘力量的崇拜，同時也體現着很強的理性精神。六十四重卦包含着對宇宙秩序和宇宙過程的概括，有許多深刻的合理思想。當時人們希圖通過對宇宙規律的把握來預測自己的命運，指導自己的行爲。採用占卜的方法固然不科學，但是努力探求宇宙的規律及其與人的關係，卻分明顯示人要依靠自己的理性力量來掌握自己的未來。八卦和六十四重卦是十分抽象的宇宙模式，如果沒有發達的理性思維，沒有對理性的高度重視和崇信，就不會產生。

如果說，在《易經》的觀念中，人的命運還附屬於客觀秩序，要受許多帶有神秘色彩的偶然因素的支配，那麼到了戰國後期形成的五行圖式中，人已經居於宇宙的中心，成爲宇宙的主體了。

五行的宇宙圖式，在空間上分出東、南、中、西、北五個方位，分別與時間上的春、夏、季夏（或長夏）、秋、冬相配列，形成構築宇宙系統的筋骨，萬物隨着五季五方的運行排列在巨大的宇宙系統中，展開着，變化着。五個方位的提出表明，宇宙有自己的中心，而且春夏秋冬四時及其相應的東南西北四方圍繞着這個中心有節奏地運轉。據認爲，五行導源於五方。殷商甲骨文中有“中商”、“東土”、“南土”、“西土”、“北土”之說。可見殷人是以自我（本土）爲“中”，然後再確定東南西北。這種以自我爲中的觀念，發展爲囊括天地萬物的五行宇宙圖式，實際上就升華爲以人爲宇宙中心的思想。

陰陽五行理論認爲，“人以天地之氣生，四時之法成”。“天地合氣，命之曰人。”人雖爲自然的產物，但是“天復地載，萬物悉備，莫貴於人”。（《素問·寶命全形》）人爲萬物之靈，能“應四時”，“知萬物”。“人者，天地之鎮也。”（《靈樞·玉版》）關鍵是人有理性。“水火有氣而無生，草木有生而無知，禽獸有知而無義，人有氣有生有知亦且有義，故最爲天下貴也。”（《荀子·王制》）人有理性，故人能“制天命而用之”。（《荀子·天論》）人改造了自然，是自然的主人，使自然滿含着主體的印痕。自然不是單純的欣賞物，而主要是宰制以爲我用的對象。大自然再美，也應當成爲爲我的存在。所以人不能屈尊去摹仿自然，自然應當處處爲人服務。

春秋戰國至秦漢，人的問題成爲哲學探討的中心問題之一。諸子百家没有一個不高度重視人的。人的尊嚴得到空前提高。陰陽五行學説則是從宇宙論和方法論的角度反映了這種時代的潮流和百家爭鳴的成果。正是在這樣的基礎上產生了中國第一部系統的美學著作《樂記》和奠定了中醫學基礎的《黃帝内經》。

人是宇宙中心、“天地之鎮”的觀念，決定了人在審美活動中處於主導地位，而不應當扮演自然的從屬物的角色。藝術既然是人的創作，就理應顯示人的力量，傾吐人的内心。即使在描寫自然美的藝術創作中，現實客體也只是主體表現自我的憑藉。因此《樂記》寫道；“詩，言其志也；歌，咏其聲也；舞，動其容也；三者本於心，然後樂氣從之。”“樂者，心之動也。聲者，樂之象也。文采節奏，聲之飾也。君子動其本，樂其象，然後治其飾。”强調樂爲心聲，心爲樂本。心就是人，就是人的理性，道德，情感。

將主觀的情思寄寓於客觀的形象，於是成爲中國藝術的一大特點。如中國詩向來讚賞比興之法，劉勰説：“故比者，附也；興者，起也。附理者切類以指事，起情者依微以擬議。”（《文心雕龍·比興》）可見，比、興雖屬不同，但都是托物寓情，使主觀的思緒對象化，變爲客觀形象，使外界景物情感化，變成爲我的存在。但是立即會提出一個理論問題：抒發主體何以能夠和描摹外物相統一？換言之，爲甚麼在反映外界事物的藝術形象中，能夠融入主觀的精神？藝術實踐的發展必定要求從本體論上對這樣的問題給予回答。然而中國古代的藝術家們對此卻從來没有過懷疑，好像那是理所當然的事情。其原因正在於宇宙一體，天人合一的觀念在中國古代深入人心，普遍承認，而這種觀念與陰陽五行有密切關係。

這裏仍然要追溯到《易經》。在《易經》中，六十四重卦的基礎是八卦，八卦由陰陽二爻變換組合而成。按照《易傳》的解釋，這表明宇宙萬物有着共同的發生史，統統來源於陰陽二氣的作用，服從統一的陰陽法則。人也不例外。因此自然界是統一的，人與自然界也是統一的。六十四重卦既表示宇宙過程，同時也代表人生的經歷，就是說，人事和宇宙有着相同的秩序和規律，可以由同一卦象序列來表示。正是這樣，才有可能根據客觀事物的變化來窺視人生的凶吉。這就是宇宙一體，天人合一理論的最早雛型。

陰陽五行的宇宙一體化理論在《禮記·月令》、

《呂氏春秋・十二紀》、《淮南子・時則訓》中得到了系統的闡述。《呂氏春秋》寫道："人之與天地也同，萬物之形雖異，其情一體也。"（《呂氏春秋・情欲》）在它們的宇宙圖式中，宇宙包括人事按陰陽五行的法則組織成一個大系統，萬事萬物依一定格式發生普遍性聯繫，它們同受四時和五方的決定和影響，具有相同的陰陽五行結構，又各自形成一個小系統，依照統一的節律運行、變化。因此宇宙中存在着普遍的相似性，任何一個相對獨立的事物，都具有和宇宙整體相類似的全部特徵。在這種宇宙一體化理論的基礎上自然而然地派生出了天人合一的思想。《呂氏春秋》説："天地萬物，一人之身也。此之謂大同"。（《呂氏春秋・有始覽》）"故古之治身與天下者，必法天地"。（《呂氏春秋・情欲》）人既然與天地萬物有着相同的秩序和結構，統一的聯繫方式和運動節奏，人的身心，人數社會和宇宙萬物有一一對應的關係，所以人本身就是一個小宇宙，故孟子曰，"萬物皆備於我矣"。（《孟子・盡心上》）

由於認爲世界存在着普遍的陰陽五行的聯繫作用，中國古代美學從來不把自然看作是存在於人之外而與人疏遠的對立物。對於事物、現實、感性，它決不僅只從客體的或者靜觀的形式去理解，而且還從主觀的方面去理解。它没有自覺地提出我們所說的“實踐”，但是它以陰陽相互滲透、相互包含以及五行對應相似這種中國特有的直觀理性方式，把宇宙看作是“人化的自然”，把人看作是“自然的人化”，認爲人的内心中本就蘊涵着整個自然，而在自然中也完全能夠發現他自己。孔子說：“智者樂水，仁者樂山。”（《論語·雍也》）人的品格——仁、智，能夠與山水自然屬性的美聯繫起來，從陰陽五行的理論看來，就是因爲宇宙一體、天人合一。而這，正是“詩人比興，觸物圓覽，物雖胡越，合則肝膽”（《文心雕龍·比興》）的根據。

人是一個小宇宙的觀念構成中國古代哲學的基本出發點之一。這種觀念促使中國古代哲學的主流不是積極强調向外間世界的深遠方向追索，而是着重尋找主體與客觀世界的統一，研究心理與環境，主體與社會的同型聯繫。在這種哲學思想的影響下，中國古代的藝術創作就不可能像古希臘那樣，走摹仿自然的道路，而必然是把抒發自我和描摹現實統一起來。因此，在中國傳統藝術中，抒發與描摹，主體與客體，人性與自然，是水乳交融，緊密交織的，這是天人合一思想在藝術創作活動中的具體表現。

二、重傳神而不求形似

如果用“寫意”來説明中國傳統藝術的基本特點，那麼“寫意”應當包括兩個方面：一是抒發主觀内心之“意”，另一是描寫、刻畫客觀對象之“意”。就是説，在塑造具體的藝術形象時，中國藝術有自己特殊的審美標準。刻意追求藝術形象的神動之美，神動之真，是其中之一。

“送腳如游魚得水，舞筆如景山興雲”。（李斯）“遠山一起一伏則有勢，疏林或高或下則有情”。（董其昌）美在動中，這就是中國人的觀念。這種觀念滲透到一切藝術活動之中。如中國的建築靜中寓動，那帶有俏麗飛檐的屋頂，恰似一隻即欲振翅起飛翱翔的雁鳥。中國的雕塑、建築不像希臘、埃及那樣以團塊堆積造型，它們所着意裝飾的是流動的綫條。中國的繪畫也以綫條爲主，而不是像西洋畫那樣由色塊組成。書法則完全是由點和畫構成的中國特有的線條藝術。中國舞蹈的美妙之處也恰恰在於襟袖飄帶隨着演員嫻熟的動作在空中畫出的有韻律的線條，現出“神光離合，作陰乍陽”。中國藝術以線條爲特徵，這是因爲線條最易表現動態之美。流動的線條使人感到音樂的韻律、舞蹈的節奏。

欣賞並着意表現事物的神動之美，不僅在藝術實踐上，而且在理論上明確成爲中國美學的一項重要原則。南齊謝赫提出“畫有六法”，是對古代繪畫方法的系統總結，對後世有很大影響。“六法”第一條就是“氣韻生動”。而其實，氣韻生動不僅限於畫法，它乃是一切中國藝術追求的目標。

《易傳》說：“一陰一陽之謂道。”道就存在於一虛一實，一起一伏，一明一暗的波動之中。中國藝術以氣韻生動爲主題，認爲唯有細心體察事物的風姿爽動，才能發現那美的靈魂，這無異是說探求美就是追索道，美的東西和道的表現，審美和求真是統一的。中國藝術講求的“神”、“韻”、“勢”，除了包含飛揚、躍動、變化的涵義之外，實際上還包含有規律、本質、趨勢的涵義。《易傳》說：“知變化之道者，其知神之所爲乎！”（《易傳·繫辭》）《內經》也說：“陰陽者，天地之道也，萬物之綱紀，變化之父母，生殺之本始，神明之府也。”（《素問·陰陽應象》）神寓於陰陽，神就是陰陽不測的變化，就是陰陽所表現的規律。可見，中國藝術講究“傳神”、“氣韻”和“筆勢”，正是要在形象的動態之美中顯示出事物內在之真。在一推一蕩、氣韻生動的陰陽變化中，蘊涵直觀理性的天地之道。

推崇神動之美、神動之真的審美意識與陰陽五行的認識論觀念是彼此映照，遙相呼應的。

我們知道，陰陽是動態功能屬性的概念，《內經》說："且夫陰陽者，有名而無形。"（《靈樞・陰陽繫日月》）陰陽没有固定的形體，只代表兩類功能屬性："陰靜陽躁，陽生陰長，陽殺陰藏，陽化氣，陰成形。"（《素問・陰陽應象》）這種有名而無形的特點導源《易經》。六十四重卦中的每一卦每一爻都不代表任何固定的事物或形體，而只代表一種功能結構，動態屬性，顯示一種道理。"神無方，而易無體。""爻也者，效天下之動者也。"（《易傳・繫辭》）至於五行，初起有五材說，金木水火土確實代表五種物質元素，可是在中國文化基因的約制下，五材說終於演變爲五行說。金木水火土不再是五種物質實體，而昇華爲五種功能屬性："水曰潤下，火曰炎上，木曰曲直，金曰從革，土爰稼穡。"（《尚書・洪範》）潤下、炎上、曲直、從革、稼穡，都是指物質的動態和變化的能力。

陰陽五行概念的這一特點，與中國古人對"道"的理解和追求相一致。"道"這個範疇在中國哲學中的應用比陰陽還普遍，幾乎各家各派都講"道"，貴"道"，求"道"。而道主要是指事物的動態規律。"天下之動，貞夫一者也。""天地之道，恒久而不已者也。"（《易傳・繫辭》）宇宙日新，生生不已，“道”就運行在萬物的變化之中，所以要求索“道”，就必須着重觀察、把握事物的動態和功能。《易傳》説：“天地變化，聖人效之”，“變而成卦”，“知變化之道者，其知神之所爲乎！”（《易傳·繫辭》）有名而無形的爻卦以及陰陽五行這樣的動態功能性概念，正是在上述觀念的基礎上形成的。

重視道，認爲道寓於功能動態之中，這就是藝術上推崇神動之美、神動之真的哲學依據。這種觀念勢必導致對物質實體和事物形體的輕視，正所謂“形而上者謂之道，形而下者謂之器”。（《易傳·繫辭》）在藝術創作上，這種觀點則表現爲重傳神不重形似的美學主張。

依據中國哲學廣義的理解，功能、規律爲“神”，實體、形質稱“形”。形神關係問題歷來是陰陽理論的一個重要部分。神爲陽，形爲陰；神主動，形主靜。神爲形帥，形爲神屬。形雖説是神的物質基礎，但是神是形的靈魂、生命。没有“神”的世界，就是絶對的寂滅，哪裏還有美？美就是生命，美在動中，因此，中國藝術和中醫學不十分重視人體解剖。“粗守形，上守神”。（《靈樞·九針十二原》）不求形似，正是爲了更真切地表現動勢神姿、輪廓變化，更鮮明地顯示那寓於動中的道理，更深刻地給人以氣韻風發、乘時射勢的動態之美。以神統形，神韻生動了，“則形似在其間矣”（張彥遠）。否則，就會喧賓奪主。

形神範疇以及對形神關係的這種理解，是中國哲學和中國美學特有的。它不僅指導着繪畫，而且以各種不同的方式，影響着其他一切藝術門類。尤其是書法，正是由於中國人的這一審美特徵，才能成爲一門藝術。本來，書法的局限性在於必須服從字形筆畫的支配，而不能直接描寫客觀事物。但是由於書法是由點畫綫條所構成，能夠表現陰陽推蕩的動態，這就具備了成爲中國藝術的最重要的條件，而且由於中國藝術重神不重形，使得書法的局限性在一定意義上反而成爲一種有利因素，實際上等於自然而然地把不求形似的特色推到頂點。老子説：“大象無形。”（《老子》第四十一章）書法藝術乾脆把“形”的因素減少到接近於零，把自然界的風姿氣韻昇華出來，徹底擺脫景物形體的糾纏，從而能夠更自由地表現外物的神動之美和神動之真，更充分地抒發主體内心起伏的情感。這就是爲甚麼説書法是以最純粹的形態體現了中國美學的精髓，最集中最突出地顯示出中國藝術的特點。

重傳神而不求形似，以神統形的美學原則，使中國的藝術空靈而意遠，優美而雋永，常常產生“言有盡而意無窮”的藝術效果。從認識論的角度分析，取得這種效果的原因之一在於，藝術形象中蘊涵着那些能夠説明生活本質的東西。就是説，我們從有限中找到無限，從暫時中找到永久，並且使之確定起來。這就是對規律和本質的把握。因此，對自然界的一切真實的認識，都是對永恒的東西、對無限的東西的認識。中國藝術着意於氣韻傳神，其追求的目標是在有限的物象之中，涵蓋無限的意趣，告訴讀者以生活的真理。爲了達到這一目的，以神統形的原則甚至允許在特定的場合對“形”作不符實際的處置，令“形”屈從於“理”。如王維畫物，多不問四時，畫花往往以桃、杏、芙蓉、蓮花同畫一景，其《袁安卧雪圖》甚至有雪中芭蕉。這種感性形式上的不真，是爲了給人以更强烈更深刻的印象，使人玩味、深思，進而從理性上依循作者的指引去把握事物的真諦。中國藝術推崇理性的美，理性的真，即沈括所説的“奥理冥造”，因此中國美學主張“書不盡言，言不盡意”，“意在言外”，“得意忘言”。中國藝術這些特點的客觀基礎在於，事物的功能及其動態規律，對於它們的物質形體説來有相對的獨立性。

由上可見，不求形似決不意味着不求其真。荊浩説：“畫者畫也，度物象而取其真。……若不知術，苟似可也，圖真不可及也。”（《筆法記》）中國美學所理解的真不是形似，而是傳神，是神動之真，這裏不僅要求藝術家正確地反映客觀事物的氣韻風姿，動態輪廓，而且要求在感性的藝術形象中顯示事物變化之理。因此不求形似並不是由强調抒發主體精神所引起；强調抒發不必定反對追求形似，更不必定導致不求其真，而且依據陰陽五行理論，主體的抒發與對客體的真切描摹在原則上應當是統一的。不求形似的原因只是在於中國美學認爲，宇宙間無論美的真諦，無論理的真諦都寓於事物的功能行爲之中，而不在其實體之上。

中醫學在陰陽五行觀念的指導下和中國藝術一樣，也是着重地把握對象的功能動態而不求形似，不過它不是爲審美，而是要掌握人體的規律。傳統西醫學以人體靜態解剖爲基礎，側重於分析機體組織所含的物質成分，然後從中引出各種物質臟器的功能和聯繫。中醫學則相反，它主要是通過對活的人體的臨床整體觀察，從人體的各種生理功能和對病邪的反應出發，然後結合極有限的解剖知識，導引出其臟腑概念。如果機械地從形體解剖的觀點來評判中醫學的臟腑，那是不合“科學”，也無法理解的。而實質上中醫學的臟腑是一種關於人體的綜合性功能模型。這種功能模型的特點正是不求形似，而求傳神，即準確反映人體機能的整體活動規律。

至於從形體上看，是否與實際的解剖完全相符，那是無關緊要的。基於此，中醫學從自己的體系出發認爲“形乎形，目冥冥”，“神乎神，……昭然獨明，若風吹雲。”（《素問・八正神明》）越是着眼實體而忽略功能，越是雙目漆黑。唯有着重研討機體的功能行爲，把形和神統一起來，才能找到治病的道理和關鍵。一張中醫的人體生理功能關係圖，儼然就是一幅中國式的繪畫。現代研究證明，中醫學的認識方法與傳統的西醫不同，但卻與控制論極爲相近。它得出了與西醫不同的理論體系，是從另一個側面反映了人體的規律，並且正是在這樣的基礎上，才有經絡的偉大發現。這一切都説明，“重傳神而不重形似”，既是一種有生命力的藝術方法，也是一種極有價值的科學方法。如果以是否形似作爲美和真的唯一標準，認爲形不似就不美，也不可能真，那是片面的。中國傳統藝術和中醫學的成功證明了這一點。

三、着重整體的審美視角

對客觀景物採用寫意手法，其另一層涵義在於追求整體之美，整體之真。

整體觀念是中國哲學的牢固傳統。陰陽五行的宇宙一體化理論本質上説，是一種質樸的整體論，或曰系統論，它把宇宙和萬物看作是由陰陽和五行等諸種元素按一定結構形成的有機整體，因而要求對待一切事物都必須着眼於結構和整體，進行整體把握。

這種觀念在八卦和《易經》中已經萌發了。每一卦都是一個整體系統；陰爻和陽爻是構成這些系統的要素。由這兩種要素的不同組合和排列，形成不同的結構，表現具有不同性質的事物。爻，孤立地看，僅具有極單純的一般屬性，可是當它們形成了一定的結構時，其整體則由於爻與爻之間的交錯關係，而產生出新的複雜深遠的意義。每一爻，也因而具有特殊的價值。

《周易》和陰陽五行理論要求分析事物內部和事物之間的結構關係，注意結構對整體功能屬性的影響，認爲整體高於局部的總和，必須從整體觀察事物。這些觀念很早就被應用到音樂藝術領域。西周末，哲學家已經認識到一切美的音樂，就像其他一切有生命力的事物一樣，不是由單一元素構成，而是由多種元素組合的結構整體。五聲分屬五行，六律各有陰陽。可見從構成音樂的基本要素——音階（五聲）和音律（六律）起就貫穿着結構整體觀念。史伯說：“故先王以土與金、木、水、火雜，以成百物。是以和五味以調口，剛四支以衞體，和六律以聰耳……聲一無聽，物一無文，味一無果，物一不講。”（《國語・鄭語》）這裏“雜”字不是雜亂混合，而是把不同的東西按照客觀法則組織起來，綜合到一起，達到“和實生物”的目的。《呂氏春秋》也説：“正六律，和五聲，**雜**八音，養耳之道也。”（《呂氏春秋・孝行覽》）這兩處“雜”，意義是一致的，就是指形成一個有一定秩序的結構。史伯和《呂氏春秋》的作者都認爲音樂的動聽感人，在於五聲六律合乎規律的組合，音樂的美是各種音符結構的整體效果，決非任何孤立單音所能奏效。

注意藝術作品在整體上產生的效果，追求作品的整體之美，後來成爲各種門類藝術自覺的審美準則。如中國建築一般不搞單個孤立的殿堂，而總是一個或大或小的建築羣。中國建築也從不以單個建築物的宏偉奇特取勝，而總是十分注意羣體結構的巧妙組合：明暗相間，動靜有致，表裏互濟，有虛有實，以及建築羣與周圍環境的相互襯托，從總體上造成磅礴氣勢，萬千儀態和優美韻律。北京故宮及其四周的皇家園林就充分顯示出中國建築的特色。景山和北海瓊島既是北面的屏壁，又是統攝全局的高點，站在那裏俯瞰全貌，方可領略這一建築羣體的至美絕佳。

中國藝術在表現客觀的審美對象時，要求從整體的視角來表現局部，以整體統率局部。宋人沈括批評李成不懂得畫山水“以大觀小”之法，是一個很好的説明：

> 又李成畫山上亭館及樓塔之類，皆仰畫飛檐，其説以謂自下望上，如人平地望塔檐間，見其榱桷。此論非也。大都山水之法，蓋以大觀小，如人觀假山耳。若同真山之法，以下望上，只合見一重山，豈可重重悉見，兼不應見其溪谷間事。又如屋舍，亦不應見其中庭及後巷中事。若人在東立，則山西便合是遠境；人在西立，則山東卻合是遠境。似此如何成畫？李君蓋不知以大觀小之法。其間折高折遠，自有妙理，豈在掀屋角也！（《夢溪筆談》卷十七《書畫》）

顯然，這裏不是一個個別的技法問題，它關乎中國繪畫以至整個中國藝術對待和處理客觀審美對象的根本立足點。沈括反對從下望上，以小見大，實際上是反對立足局部，從一個固定的視角觀察對象。他主張“以大觀小”，就是居高臨下，橫觀縱覽。他認爲只有立足整體，從多視角即整體視角觀察對象，把握全局，才能將各個局部看清楚。沈括的主張代表了中國傳統繪畫的原則。中國畫正是要求表現客體的整體性風貌。西畫講究嚴格的可用數學測定的定點透視原則，他們是立足局部，從局部出發來展現整體，因而中畫與西畫具有截然不同的意趣。

這種整體精神在中國藝術中開出的絢麗之花，突出地表現在中國繪畫、書法和詩歌講究創造意象、意境。意象、意境是詩心與妙景的交融，是主體的生命情思與客體的自然景色的交織。這淵深靈境的產生，決不是藝術作品各個局部各種因素的機械總和，只能是藝術品的整體效果。張懷瓘說："顧公運思精微，襟靈莫測，雖寄迹翰墨，其神氣飄然在烟霄之上，不可以圖畫間求。"（《歷代名畫記》）這種"飄然在烟霄之上"的"神氣"是藝術家經過"運思精微"，使作品在整體上造成的藝術魅力，是一種超脫於作品本身之上的新的屬性。它來源於作品，但又不屬於作品的任何部分，它是從作品整體散射出來的藝術靈光，"言有盡而意無窮"，其根源也在於此。這是中國藝術特有的美。

中國美學認爲，對整體的運思，重於對局部的渲染，最美的境界產生於整體，最深邃的道理寓於全局。"形而上者謂之道"，這個"形而上"，也包含整體的意義。《淮南子·說林訓》寫道："畫者謹毛而失貌"。中國藝術追求整體之美，同時也是爲了獲得整體之真。美和真在這裏又達到了內在和諧。

《易經》中的六十四卦象，或許正是周人所理解的整體之美與整體之真的完美統一罷？

神動之美和整體之美，二者是聯繫在一起的。整體的新質正產生於其構成元素按一定結構關係的相互作用之中。所謂整體大於或優於局部的總和，也不是指的形體，而是指的功能。中國藝術注重表現客觀事物的風姿氣韻，經過整體佈局，精心處理各部分之間的關係，因而能夠產生出"飄然在烟霄之上"的意境。"道"在整體，從美學上看，就是藝術的奧妙在於作品的全局。所以對中國藝術作品的欣賞，不能糾纏其局部，必須有理性的眼光和綜合的能力。沈括說："書畫之妙，當以神會，難可以形器求也。世之觀畫者，多能指摘其間形象、位置、彩色瑕疵而已，至於奧理冥造者，罕見其人。"(《夢溪筆談·書畫》)

整體能夠產生超出局部總和的新質，所以整體功能屬性相對於構成它的元素具有相對獨立性。這表現在，構成系統的實體、結構不同，但只要它們是等價的，即可產生相同的整體功能。現代科學技術廣泛應用着這一原理，如一切模擬裝置（包括電子計算機）都是如此。令人感興趣的是，中國藝術也體現了這一原理。

前面說到，陰陽五行理論用天人合一說明爲甚麼審美主體能夠借用客觀景物表達對生活的評價和社會欲求。應當指出，陰陽五行强調世界的統一性和普遍存在的相似性，原則上是正確的。審美主體的抒發的確仰仗人和自然之間的一致性。但是把人看成一個小宇宙，是誇大了。中國藝術能夠實現如此强烈的主體抒發，一個重要原因在於它能夠造成獨立於客體形象之外的整體藝術功能，而與人的某種心理系統等價，從而傳播出審美主體的心音。一叢綠竹，一樹寒梅，一盆蘭草或者幾棵枯樹，幾隻寒鴉，之所以能寄寓某種人格理想或者憤世嫉俗、憂國憂民等等的心境，在很大程度上依靠作品的這種整體效果。當然，這種整體效果又是以人與自然的統一性爲基礎的。松梅菊蘭，山水石雲這些自然物和人的精神、品格、情操，客觀上本來就在整體結構上存在某種等價性，因而前者能夠成爲後者的表現和象徵，能夠引起人的感應和共鳴。而經過藝術家運思精微，翰墨點染，將那些自然物置於藝術作品的整體中，它們的感染力、表現力就更加濃烈了。

最能説明作品的整體效果的是書法。孫過庭寫道："右軍之書"，"寫樂毅則情多怫郁，書畫贊則意涉瑰奇；黃庭經則怡懌虛無；太師箴則縱橫爭折；暨乎蘭亭興集，思逸神超；私門誡誓，情拘志慘。”(《書譜》)單純書法的線條,不具有任何情節語義,不直接描摹任何景物,為甚麼能有如此强大的“達其情性,形其哀樂”的魅力?這除了筆勢的方圓滑澀之外,主要是靠全篇書法線條的整體效果。由書法線條構築的整體結構,雖然和一首樂曲、一幅圖畫、一尊雕塑在實體上結構上都不同,但只要它們的結構在某一方面是等價的,它們在整體上就可以在這一方面產生同樣的藝術功效。

主體抒發,表現氣韻,注重整體,這三者在中國藝術中是相得益彰的。

四、追求動態中的平衡

中國人很早就發現了自然界存在着矛盾,並用陰陽加以概括。但是陰陽概念不同於唯物辯證法所講的矛盾。矛盾概念强調對立雙方的鬥爭和排斥,認為矛盾統一體以自身的破裂為其追求的目標,舊的矛盾解體後固然又會產生出新的矛盾,但新的統一體仍然通過鬥爭在為破裂創造一切條件。陰陽則看重對立雙方的依存與調和,以動態平衡為目標。“陽氣根於陰,陰氣根於陽;無陰則陽無以生,無陽則陰無以化。”(王冰)陰陽理論也講陰陽的“搏”、“爭”,但基本的關係是互根,互助,而且認為陰陽的調和是變化成物的根據。所以《易傳》說:

“故水火相逮，雷風不相悖，山澤通氣，然後能變化，既成萬物也。”（《易傳說卦》）更爲重要的是，陰陽理論還把陰陽的協調發展成爲陰陽之間的負反饋調節，認爲陰陽之間能夠通過相互約制和補充使陰陽保持動態平衡，而這種平衡是一切事物存在和發展的理想條件。因此，“謹察陰陽所在而調之，以平爲期”（《素問・至真要》），就成爲陰陽理論治理國家、改造自然、醫療疾病以及進行美的創造等萬事通用的處方原則。

五行結構在形式上與陰陽不同，但是指導思想二者相通。五行理論認爲事物的五行結構之間，在一般情況下，有生有制，相勝和相生處於動態平衡之中。由於外力干擾，可能使五行出現太過、不及，平衡遭受破壞，因而造成災難。這時，正常的制化代之以“乘侮”之害。可是，由於五行之間特殊的結構聯繫，只要出現超出正常的亢害作用（稱之爲“勝氣”），就必定會在五行結構內部產生出一個與之方向相反能量相等的反作用（稱之爲“復氣”），使其歸於平復。用五行理論的話說，叫作“子復母仇”。老子說：“天之道，其猶張弓與！高者抑之，下者舉之，有餘者損之，不足者補之。天之道損有餘而補不足。”（《老子》第七十七章）陰陽五行理論可以看作是把老子的這一思想具體化、模式化了。

看重平和統一，這是中國漢民族歷來的精神，因而美在於和的思想可謂由來久矣。"至樂相和"、"和樂如一"、"樂者敦和"。"凡樂，天地之和，陰陽之調也。"何謂"和"？"以他平他謂之和"。首先，"和"與"同"不一樣，"同"是"以同裨同"，"和"則是把相異的有矛盾的東西結合起來。但是請注意"以他平他"的這個"平"字。晏子說："和如羹焉，水、火、醯、醢、鹽、梅，以烹魚肉，燀之以薪，宰夫和之，齊之以味，**濟其不及，以泄其過**。"（《左傳》昭公二十年）濟不及，泄太過，把過度的差異和矛盾適當降低，使它們限制在一個能夠協調的範圍内，這就是"平"的含義。這和陰陽五行理論所講的調節以求平衡是一個意思。

希臘哲人赫拉克利特說過："互相排斥的東西結合在一起，不同的音調造成最美的和諧，一切都是鬥爭所產生的。"西方美學也認識到美產生於矛盾之中，美是矛盾的和諧，不是"以同裨同"，在這一基本點上，與中國美學是一致的。但是這裏面又存在着很大的不同。赫拉克利持推崇的和諧"是鬥爭所產生的"，他强調在排斥、對立和鬥爭之中求得和諧，認爲鬥爭中蘊含的和諧最美。而中國美學認爲矛盾雙方由於綏靖、相濟、互補造成的平衡最美。這裏，平衡、協調，不是泯除矛盾，消滅差異，而是要約束它們，使它們活動在一個適中、適度的範圍之內。所以中國美學又把美和中聯繫起來，以中爲美。推崇"中"，在《易經》中已見端倪。在五行裏，土爰稼穡主生長繁育，是萬物之源，故土居中，而人事上的五行配列，君與中與土相配。説明五行也以中爲貴。

在中和思想影響下，中國美學主張"以理節情"，"音亦有適"，提倡"中聲"，而反對"侈樂"、"靡音"。因此中國漢民族的藝術作品，無論繪畫、雕塑、音樂、建築、舞蹈，一般都不採用過於强烈的對比，處處注意把握適度，整體佈局考究各部分之間的約制，變幻中追求平和，旋動中給人以寧靜，絢麗卻含蘊淡雅。

中國漢民族歷來具有樂觀精神，對未來充滿信心，無論遇到甚麼艱難險阻，都不會喪失生活的信念，總是從容不迫，平靜安詳。中國佛教的塑像和繪畫就充分表現了這一民族的性格和審美的特徵。這種偉大的精神不能說不與陰陽五行關於宇宙通過自行調節永遠趨向於相對平衡的理論有關。"有勝之氣，其必來復也。"（《素問・至真要》）故諺語云："善有善報，惡有惡報，不是不報，時候未到，時候一到，一切全報。""子復母仇"，終歸平復，這是五行結構所產生出來的不可移易的法則和觀念。中國很多戲曲、小說，就是懷抱着這樣的信念編寫的。這也就是爲甚麼中國的喜劇多於悲劇的原因。喜劇會給人以鼓舞，但同時也容易使人們在空幻的藝術中得到情感的滿足，卻喪失到現實生活中去奮進拚搏的意志和決心，形成觀望、等待的消極心理。這些就不需多說了。

五、程式化的分類歸納

程式常常被看作是中國戲曲的特點。其實，中國傳統藝術，詩詞、音樂、雕塑、繪畫、書法、建築無不是程式化的，就連小說也帶有明顯的程式。西方藝術沒有程式嗎？也有。西方的芭蕾、歌劇、繪畫、建築等都有程式，不過沒有"化"。所以，程式並不代表中國審美的特點。特點在於中國藝術在形成程式時有自己特殊的審美標準，它們與程式有着內在和諧。

程式，是藝術在表現現實生活時必須遵循的標準化、規範化的模式。程式在形成過程中，對所反映的對象有所歸納、取捨、提煉、美化，帶有一定直觀的概括性和抽象性。在藝術創作時，凡是屬於某一類的事物，都要按照預先形成的關於該類的模式來表現。就是說，程式首先把複雜多變的客觀對象進行一定的分類歸納，然後再精煉出相應模式來表現它們。程式使讀者容易抓住藝術形象的本質。

有趣的是，程式的上述規定性恰恰是陰陽五行作爲一種理論的特點。陰陽五行對待客觀世界變化萬千的現象，也是首先進行歸類，或歸於陽，或歸於陰，或歸於金、木、水、火、土五種屬性，然後再建立直觀概括的理論模式——陰陽五行結構來代表它們，説明它們。因此，陰陽五行本是一種程式化理論。當然，陰陽五行的程式，是理論程式，是對世界萬物的最高的分類和抽象的概括。而藝術程式是形象化的程式，比起陰陽和五行來，要具體得多，瑣細得多，屬於兩種性質不同的程式。

這裏需要注意的，是分類的標準和選定程式的方法。《易傳》曰："物以類聚，人以羣分。"古人認爲按照事物離合分聚所顯示的動態屬性對事物加以類羣劃分，是認識事物的基礎。八卦和六十四重卦就是在這一基礎上產生的結構程式。八卦根據自然現象的功能屬性，將其歸納爲八類：天、地、雷、火、風、澤、水、山，分別用乾（☰）、坤（☷）、震（☳）、離（☲）、巽（☴）、兌（☱）、坎（☵）、艮（☶）八種程式來代表。陰陽和五行也都是按照動態功能屬性而不是按照實體質料對事物進行分類歸納，叫做"取象比類”，就是根據事物的外部動態形象和事物之間在功能屬性上的類比相似關係來進行歸併。

陰陽五行是功能動態性範疇，陰陽五行的結構都是功能動態性的理論程式。

與此相應，中國藝術在形成和選定自己的形象程式時，也都以便於主體抒情，利於表現客觀對象的動態美、整體美、和整體神動之真爲標準。中國的藝術程式不像西方某些藝術程式（如芭蕾舞）那樣着意表現質地和形體之美。如中國戲曲演楊貴妃的演員體型不一定要豐腴，演趙飛燕的演員不一定要瘦俏。服飾一律沒有朝代之別。重要的是能否通過唱腔、身段、表情等一套程式表現出人物的性格和心理，以及人物的動態美。

中國藝術不重形似，不重寫實的特點不僅應當表現在程式之中，而且與程式這種表現形式恰恰相得益彰。因爲程式，要求藝術表現在形式上規範化，所以在一定意義上使之受到限制，不能照本如實地表現生活。然而程式對現實經過歸類、提煉能更集中，更概括地反映現實，正好適應重傳神不求形似的要求，因此程式化與中國藝術的審美特徵是水乳交融的，有着內在的協調一致。而西方藝術主張摹仿，主張寫實，所以程式往往只起外在的形式美的作用，難於和整個藝術指導思想相統一。

中國哲學爲甚麼主張對千變萬化的客觀現實進行分類歸納，並用一定程式化的概念和理論加以概括呢？《易傳》說：“聖人有以見天下之賾，而擬諸其形容，象其物宜，是故謂之象。聖人有以見天下之動，而觀其會通，以行其典禮，繫辭焉以斷其吉凶，是故謂之爻。言天下之至賾，而不可惡也。言天下之至動，而不可亂也。”（《易傳・繫辭》）宇宙間的事物及其變化是紛繁多樣的，以卦、爻這種程式加以歸納概括，就可以收到以簡馭繁、深入淺出之功效。“易簡而天下之理得。”（《易傳・繫辭》）按照動態功能分類，形成程式，加以簡化，目的是爲了更好地把握“天下之理”。這是古代漢民族認識世界的特有的方法論。這種方法論也移植到了審美活動中。

在中國傳統藝術中，從認識論的角度看，最能代表中國特點的程式莫過於古典戲曲中的角色程式了。古典戲曲把需要表現的千千萬萬數不盡的人物歸納爲生、旦、淨、末、丑五大類，這與五行把宇宙萬物歸納爲木、火、土、金、水五大類的作法很相似。生、旦、淨、末、丑的劃分不是根據形體肥瘦、高矮，而是根據人物的性別、職業、社會地位、品性舉止來分（這屬於人的功能動態），然後用生、旦、淨、末、丑五種基本程式來概括。

但是，這裏出現了一個問題，就是藝術作品裏的人物必須具有自己獨特的性格，把人物僅僅分爲五類顯然是不夠的。古典戲曲採取的辦法是在生旦淨末丑五類行當的基礎上，按照原來的分類準則繼續細分：生分老生、武生、小生；老生又分文老生、武老生；小生也分文武，此外還有窮小生等。旦分正旦（青衣）、閨門旦、神仙旦、武旦、花旦、彩旦、老旦。淨分大花臉（正淨）、二花臉（武淨）、白臉。末有帶慘髯的，有帶白髯的。丑包括文丑、武丑、小丑。經過更細緻的分型，人物的特點就清晰多了。可是，這仍然不能完全準確地表現人物的個性和差別，最後就要在細緻分型的基礎上，針對具體角色進行具體分析和處理了。如“林冲、燕青、武松三個都是武生，但性格不同，站相也就不一樣，林冲要武中帶文，燕青要武中帶秀，武松要武中帶狠。”（蓋叫天：《談表演藝術中的身段》，載《演員經驗談》第 4 輯。）以上就是中國古典戲曲對人物做分型處理的特殊方法。

這種方法的特點是先把人物概括爲幾種最大的類型，然後再更爲細緻地層層類分，形成一個以簡馭繁的分層系統。在這個系統中，前面的抽象，後面的一層比一層具體，直至找出每個角色所獨具的最細微的個性。每種類型有自己特定的程式。前面抽象類型的程式特點，被包融到後面較其具體的類型中去，成爲後者的基礎，後面較具體的類型的程式，比前面的內容更豐富，更個性化，但是不能離開前面類型的總譜。它們是普遍與特殊，個別與一般的關係。可見，對人物個性的辨析和刻畫，是一個由抽象上升到具體的過程。不僅戲曲，中國古典小說如《三國演義》、《水滸傳》等，其人物的塑造，也採用了同樣的方法。這就是爲甚麼在諸葛亮和吳用、劉備和宋江、張飛和李逵等人物之間可以相互找到影子，然而又各不相同的一個原因。

這種由抽象到具體的分型方法，淵源於八卦和《易經》。古人首先用陰爻（--）和陽爻（—）這兩種最基本最抽象的元素概括天地萬物，然後由陰陽二爻的重疊衍生出八卦，八卦的內容比二爻豐富具體了。最後，又將八卦相互重疊形成六十四重卦。每一重卦的基礎仍然不離陰陽二爻，然而它們能夠代表更爲富有個性的事物了。二爻→八卦→六十四重卦，是一個以簡馭繁，由抽象到具體的分層程式系統。

西方古典傳統的認識順序是從具體到抽象，而中國傳統的認識順序則是從抽象到具體。這種從抽象到具體的程式化方式，同樣使中國藝術，特別是中國古典戲曲產生了與西方藝術有別的審美意趣。

歐陽予倩說過："程式好比一套字母，拼起來就成爲文字，拼成怎樣的文詞，那要看一個戲聽所要表達的是甚麼，其中人物的性格，思想感情是怎樣的來決定。"（《談戲曲表演》）戲中人物的思想感情決定程式的選擇、編排和處理，這其中可以有千變萬化，但無論怎樣變換，總是要遵循由抽象到具體那一套順序。這是中國古典戲曲程式化的又一特點。

六、主觀地"經營位置"

在中國哲學中，陰陽五行理論的時空觀念是有代表性的，對藝術創作的影響也很深。

依照陰陽五行的宇宙圖式，時間不是離開萬物的流，而是春夏秋冬的輪回和與之相應的自然物的生長收藏的變化；空間不是一個獨立自存的間格，而是展開着千姿百態的自然物類的東南西北中五個方位。人不僅處於時空的中心，更重要的人乃是時空的主體。四時十二月的循行和東南西北的展開都以人的心、體、事作爲出發點。人的實踐活動和人的心性情感則是時間和空間的最重要的內容。五音（宮商角徵羽）、五志（怒、喜、憂、悲、恐）、五性（仁禮信義智）、五事（貌視思言聽）都按五行法則與四時五方相配列，表明時間和空間不僅是一種客觀的存在，而且融合着人的藝術情感、道德理性，因此還必須從人的主體方面，用人的心性去把握。

陰陽五行的時空觀念對中國傳統藝術的影響，最明顯的是中國繪畫。明代沈灝說："稱性之作，直參造化。"（《畫塵》）作者和讀者都不應站在自然之外袖手旁觀，而必須將身心全部侵入自然之中，參與自然的造化。人面對自然，應當居高臨下，統領全局。而這光用感性和知覺是不行的，必須"目既往還，心亦吐納"（劉勰）。因此，中國繪畫所表現的時空，正是"目既往還"的視象和"心亦吐納"的內在體驗。

西方透視法根據定點透視的直觀感受，將整個畫面表現的空間最後集聚在視平線上的一個點，然後將視野所及的事物按視覺近大遠小的原則填納進去，給人以景物服從獨立的空間之感。中國畫法講究"經營位置"（謝赫）。作者安排畫面根據的不是不可更移的獨立於景物的空間，而是主體盤桓走動中俯視仰察的視象，客觀景物相互之間的關係和在畫面整體中的地位以及審美主體對這些景物的內心領會。在中國藝術家看來，在畫面上空間應服從景物的變化和配置，而不是景物服從固定不變的空間。這種對景物與空間關係的處理，與陰陽五行理論關於時空不是離開萬物與主體的獨立間架的觀念是完全一致的。

中國山水畫和中國詩詞中的景色描繪不給人以鮮明的立體感，中國傳統的古建築羣，也不象基督教、佛教、伊斯蘭教的建築那樣高聳入雲，而是在一個碩大的平面上鋪排。這種特點在陰陽五行的宇宙圖式中能夠找到它的線索。依照五行理論，空間只用東西南北中五個方位表示；依照《易傳》的説法，八卦按東北、東、東南、南、西南、西、西北、北八個方向排列，以此標示宇宙空間的回環。不論五方，還是八方，都是一個平面，這些當然不表明中國古代科學不懂得空間的三維性。世所皆知，漢代的渾天説等宇宙模型，居於當時世界的前列。《內經》早在兩千多年前就指出：大地和其他星體一樣，都靠氣的作用懸浮在太虛之中。可是，五行和八卦理論卻偏偏用平面表現空間，我認爲這種作法正是表現了人在時空中的支配地位，强調要從人的主觀方面去把握時空，因爲古代人恰恰是在大地的平面上展開自己的實踐活動的。

中國繪畫中時間和空間的經營依賴於審美主體的盤桓、流盼，依賴於人對世界的理性把握和主體心性的抒發。在中國戲曲舞台上，時間和空間的變化和表現更是取決於人的活動。無論甚麼樣的景物、距離、過程，時間和空間中所有的一切，幾乎全靠演員的美妙精巧的動作顯示，如用演員的上下場來表示舞台所代表的具體時間和空間的變換。在戲曲舞台上，真可以說人是時間和空間的主宰。

陰陽轉化，五行回環，終而復始，這決定了四時和受四時統領的五方呈現一個循環不已的大圓圈。依據五行理論，宇宙和萬物統統具有五行結構，因而每一具體事物又都是一個小的圓圈。就是說，宇宙這個大圓圈中套着許多小圓圈，每一個小的圓圈，從結構上看也就是一個小的宇宙。這可以說是最早的宇宙廣義全息的思想。這些思想對中國藝術創作產生了深遠影響。

例如，空間和時間的無限在中國的詩畫和建築園林中，都不表現爲一個不可追踪的遠點。“行到水窮處，坐看雲起時。”（王維）“山重水復疑無路，柳暗花明又一村。”（陸游）因爲依據陰陽五行的理論，時間和空間終而復始，它們的無盡就在於它們的循環，無限的時間和空間是歸返自我的環周，而不是不可窮盡的直綫。因此中國繪畫沒有自一點光源造成的光影，反對定點透視法把世界推向無盡的崖際。在中國園林的設計中，人行甬道總是由一些套合的回路組成，以表現無限的深遠。另外，特別講究“園中有園，湖中有湖；樓外有樓，天外有天”的格局。這種蘊涵哲理的審美原則，直接導源於陰陽五行把宇宙萬物看作大小相間的同構同型系統的時空觀念。宇宙是最大的五行圓圈，萬物是套在這個大圓圈內的一個個小的五行圓圈，每一個小圓圈都是一個小宇宙，又都受大宇宙時空整體的統攝。由這種觀念還發展出網羅天地的山水盆景和庭園藝術，以及憑欄遠眺，吐納世界景物的詩詞。“一畫收盡鴻濛之外”（石濤），這正是中國藝術家執着追求的境界。

中國藝術的基本特徵，在陰陽五行中幾乎都能找到它們的理論淵源。藝術和科學是不同的意識領域，可是中國藝術與中國醫學在方法論上的一致性，以及它們與其他意識門類的相似性，説明了統一的穩定的民族心理和思維方式對整個文化的發育有着多麼深邃而巨大的影響。分子生物學的成功啟廸了我們，看來民族的文化也有其自身的控制基因。研究中國文化基因的結構和成分，追踪其形成的根源和歷史，探尋改良這基因的方法，是我們應當建立和發展的文化基因工程學。

中國農學的方向

中國歷來被稱作農業大國，這不僅由於她地域廣大，農業人口衆多，氣候類型和作物品種多樣，而且因爲中國有着歷史悠久、水平極高的傳統農學。據王毓瑚先生《中國農學書錄》統計，清代以前有文字記錄在案的農學書籍達590部之多。中國農業爲甚麼能夠在幾千年中在總體上保持穩產、高產？中國古代農學家朝着甚麼方向努力因而使中國古代農業長期興盛不衰？

一、尋求最佳生態關係

不重形體形質而重功能關係，這一中國傳統思維趨向在農學中表現得也很鮮明。許多學者已經注意到，中國傳統農學取得了輝煌成就，可是關於作物形體性狀的研究卻鳳毛麟角。一般認爲，《呂氏春秋　審時篇》對禾、黍、稻、麻、菽、麥六種作物莖、葉、穗的性狀描述，明代王象晉《羣芳譜》對大麥、小麥、玉米等糧食作物的性狀研究，有較高的科學價值。此外，對植物性狀研究較多的是藥學著作。對藥用植物的性狀研究出於辨認的需要，是採集和鑑定真僞所必不可少的。這方面的研究帶有某種"被迫"性，而對於自行留種自行栽培的農作物，古代農學家對其形體性狀，形質結構，則一直沒有表現出多大的興趣。

翻開歷代農書可以看到，古代農家對各種農作物的研究，實際上大多是關於如何栽培管理的方法。中國第一部農業專書《齊民要術》，主要敘述的就是各種作物的種植過程和要領：土底選擇（以何種前茬作物爲好），播種時間，種子數量，播種方式，耕耙要求，田間管理，收穫時間等等，就其實質都屬於生態學的範疇。

生態學以生物與生物、生物與生活環境之間的相互關係爲研究對象，是關於生物生存條件的關係學。因此，在從"結構關係"爲認識本位的中國傳統思維的影響下，古代農學家從一開始就把研究農業生態作爲自己的主要方向。《尚書·禹貢》、《周禮·職方氏》、《管子·地員篇》等古代文獻所涉及的早期植物學和農學知識，都帶有原始生態學的特點。如《地員篇》說：

"凡草土之道，各有穀造，或高或下，各

有草土。蘂下於蘾；蘾下於莧，莧下於蒲，蒲下於葦，葦下於雚，雚下於蔞，蔞下於荓；荓下於蕭，蕭下於薜，薜下於萑，萑下於茅。凡彼草物，有十二衰，各有所歸。”

草與土之間有一定的適應規律，某些草生長在地勢高而乾旱的地方，某些草生長在地勢低而潤澤的地方，自各要求不同的生態環境。《地員篇》舉出蘂、蘾、莧、蒲、葦、雚、蔞、荓、蕭、薜、萑、茅等十二種草的分佈和相鄰關係。它們形成一個由低到高漸次排開的生長分佈綫。

古代農學家把注意力集中在作物生長必不可少的天時氣候條件，土壤條件、生物條件、地理條件和人爲條件之上。他們把這些生態因子以及這些生態因子所包含的各種要素當作一個整體系統來考察，着力尋找它們之間有利於作物生長的最佳結構關係。

1．非生物環境的最佳生態

在作物的非生物環境方面，由於天時氣候是當時人力所不能改變的，所以古代農學只强調“得時之和”、“不違農時”。而對於人力可以改變的土壤地理條件，則提出了許多改良和整治的辦法。《呂氏春秋・任地篇》説：

“凡耕之大方，力者欲柔，柔者欲力。息者欲勞，勞者欲息。棘者欲肥，肥者欲棘。急者欲緩，緩者欲急。濕者欲燥，燥者欲濕。”

力與柔，指土質或剛强，或柔弱。剛强者黏重板結，難耕，柔弱者含沙多，鬆散而不能保持水肥。息與勞，指地力是否充足。古代曾實行土地輪休，以使地力得以恢復。戰國時人們認識到，土地連續耕種固然需要休閑，但休耕的時間也要因地制宜，不可過長，過長反而使地力不能保持最佳狀態。

棘與肥，指土壤中所含作物營養的多寡。棘即瘠。這裏所説的“肥者欲棘”實際是指土壤中所含氮肥超過適當比例，而磷肥鉀肥相對不足，以致莖葉繁茂風長，卻“華而不實”。古人不懂此理，故説“肥者欲棘”。

急與緩，急意謂實着堅硬，緩意謂疏鬆散漫。急緩和力柔都涉及土壤的結構，但力柔着眼於土壤本身的質地，急緩則是由土壤中水分的多少和其他有關因素所致。治理這兩類不良狀態的辦法都在於增加土壤的腐植質，使土壤內部形成團粒結構。濕與燥，明顯是指土壤的墒情而言，無須多加解釋。

力與柔，勞與息，棘與肥，急與緩，濕與燥，這五大關係構成戰國時代分析土壤條件的五大指標。古人認爲這五個方面都有太過與不及兩種偏向，理想的狀態是“宜中”。因此，爲了增產，就必須尋求並創造這五種關係的最佳度。並且，還必須把它們綜合到一起，這樣才能爲農作物的生長準備出最理想的土壤條件。

戰國以後，直至明清，關於土壤問題的研究，大致是在《任地篇》所指出的範圍内進行的。但是後世農家對整地、耕耙、保墒、施肥等的認識越來越深入細致，技術越來越高超多樣。

爲了保墒並使土地平整細勻，表面疏鬆，便於播種，耕過之後，必須將土塊搗碎鋪平。對此項工作先秦已十分重視，那時以木槌（耰）敲打土塊，很費功夫❶。西漢《氾勝之書》説：“春地氣通，可耕堅硬强地黑壚土，輒平摩其塊以生草，草生復耕之，天有小雨復耕和之，勿令有塊以待時。”氾勝之强調了破除土塊將土地摩平的重要，但没有交代使用何種工具。後魏《齊民要術》中提到“鐵齒鳊榛”和“耮”。鐵齒鳊榛是一種以畜力牽引的人字鐵齒耙。用來打碎田中土塊。耮即無齒耙，主要作用將碎土塊磨細蓋平壓勻。耮又稱摩或蓋。

耕後耙摩，無論對於南方北方，都是增產的一項重要措施，許多農學家都加以强調。元代王禎在其《農書·耙勞篇》中説：“凡治田之法，犂耕既畢，則有耙勞。耙有渠疏之義，勞有蓋磨之功。今人呼耙曰渠疏，勞曰蓋磨，皆因其用以名之。所以散墢去芰，平土壤也。……耙勞之功不至，而望禾稼之秀茂實粟，難矣。《韓氏直說》云：'古農法，犁一耙六。'今人只知犁深爲功，不知耙熟爲全功。耙功不到，土粗不實，下種後，雖見苗立根在粗土，根土不相着，不耐旱，有懸死蟲蛟乾死諸病。耙功到則土細而立，根在細實土中，又碾過，根土相着，自然耐旱，不生諸病。"王禎的這段話，比較全面地論述了耙耮的好處。

在作物的非生物生態環境中，肥料是一項重要的生態因素。中國古代農學有關施肥技術的知識，十分豐富。在對肥料的認識上，同樣表現出不重形體形質，而重功能關係的思維特點。古代農家開闢了廣闊的肥源，但是對每一種肥料是由甚麼質料構成的，包含那些成分，形體性狀如何，一般不大關心。他們集中注意的是，尋找肥料與季節、肥料與土壤，肥料與作物的適應關係。這類似於中醫學認識藥物的方法，通過以黑箱調試黑箱的途徑，確定甚麼肥料適用於甚麼作物、甚麼土壤。肥料和土壤、作物各自的內部構成，肥料作用於土壤、作物而發生變化的內在機理，全不在考慮之內，農家細心觀察的唯有它們之間的相互關係和所產生的後果。

清人楊屾集中前人關於施肥技術的經驗，在其《知本提綱》中提出三項施肥原則，即“時宜”、“土宜”、“物宜”，鮮明地顯示出中國古代肥料學的生態特點。他的學生鄭士鐸爲其作注曰：“時宜者，寒熱不同，各應其候”；“土宜者，氣脈不一，美惡不同，隨土用糞，如因病下藥”；“物宜者，物性不齊，當隨其情”。肥有冷暖，時有春秋。“春宜人糞、牲畜糞；夏宜草糞、泥糞、苗糞；秋宜火糞；冬宜骨蛤，皮毛糞之類。”土壤氣脈各異，“陰濕之地，宜用火糞，黃壤宜用渣糞，沙土宜用草糞、泥糞，水田宜用皮毛蹄角及骨蛤糞”，等等。至於不同作物，對肥料自然也有選擇，“如稻田宜用骨蛤蹄角糞、皮毛糞，麥粟宜用黑豆糞、苗糞，菜蓏宜用人糞、油渣之類。”這些關於肥料與土壤、季節、作物的關係的認識，已達到十分精細的程度。

以上只談及非生物生態環境的部分內容，這些少量材料已可明示，中國古代農家的努力方向，是要把一切能夠顧及到的生態要素綜合起來，令其組成最宜於作物生長的關係系統。至於這種關係系統的內在根據和深層本質，則不怎麼細加追究。因此，尋找這種最佳結構關係的方法，主要依靠隨機試驗，依靠直觀經驗的積累、摸索和一定的推理。正如《知本提綱》鄭氏注所說：“皆貴在因物驗試，各適其性，而收自倍矣。”這樣的認識和要求固然有其不完滿性，但正是因於此，才有可能使得古代的人們在技術條件不完備的情況下，把這個生態要素系統不斷地豐富起來，完善起來，在料學技術水平相對不高的條件下，保持農業的高產。

2．生物環境的最佳生態

古代農學家很早就發現，要想獲得高產，還須處理好作物與作物、作物與其他動植物的關係。

戰國時代，農學家們已注意到，作物種植的疏密，猶如土壤的力與柔、急與緩、濕與燥等關係一樣，也是一個必須“宜中”把握的“度”。《呂氏春秋·辯土篇》說：“農夫知其田之易也，不知其稼之疏而不適也。”批評一些人只懂得治田除草（“易”），卻不懂得作物植株過稀會減產的道理。又說：“慎其種，易使數，亦無使疏。”這兩段話連起來，表達了要適當密植的主張。所謂適當密植也就是建立作物最理想的羣體關係。

十分可貴的是，《呂氏春秋·辯土篇》作者還以系統性原則爲指導，對穀子的羣體關係作了細密的觀察，對作物羣體生長機制提出了極有價值的見解。他們揭示了農作物，尤其是禾本科作聚族而生的若干習性：

> "苗，其弱也欲孤，其長也欲相與居，其熟也欲相扶。是故三以爲族，乃多粟"。

禾苗弱小時，須相間一定距離，以利分蘖；長大以後則喜歡比肩相長，便於傳粉；穗成熟時，希求相互扶持，以免倒伏。依據他們的研究，在鋤地間苗之時，做到每三棵苗聚爲一簇，則可得到穀穗多而飽滿的收穫。

中國古代農學除了研究同類作物的羣體關係，還對不同作物的羣體並生關係作了一些考察，目的是發現不同作物之間的相互促進或相互剋制關係，從而加以利用或避免。

後魏賈思勰在《齊民要術》中談到種瓜的方法很是有趣：

> "培坑，大如斗口。納瓜子四枚，大豆三箇於堆旁向陽中。瓜生數葉，掐去豆。瓜性弱，苗不獨生，故須大豆爲之起土。瓜生不去豆，則豆反扇瓜，不得滋茂。但豆斷汁出，更成良潤；勿拔之，拔之則土虛燥也。"(《種瓜》)

挖坑如斗口大，將刨出的土堆積於坑之北。四粒瓜子與三粒大豆同種在坑內。農家注意到"瓜性弱，苗不獨生"的特性，故利用大豆萌發時發出的力，來幫助瓜苗拱出地面。這是把自然界生物之間的共生關係應用到農業生產上來了。待瓜苗長出幾個葉片，則掐斷豆苗。勿拔，拔則將土掀起，可能傷及瓜根，也不利於保墒。留着半截豆棵，還起肥田的作用。

羣體關係屬於並生的空間關係，換茬則屬於前後相續的時間關係。先秦農家已經懂得，同一塊農田，如果連續種植同一種作物，產量會明顯下降，如果將不同作物實行換茬，而又安排適當，產量會顯著提高。《呂氏春秋·任地篇》說："今茲美禾，來茲美麥。"高誘注：茲，年也。今春種穀子，秋收後改種麥，至次年夏則麥熟，穀子和麥換茬種，則可得豐收（"美"）。

戰國雖然就有了換茬的記載，但真正做出較系統的研究，那還是到了《齊民要術》時代。《齊民要術》卷前《雜説》云：

"凡人家營田，……每年一易，必莫頻種。"

賈思勰對許多作物種植的前後關係作了試驗和比較，從中選擇出一些較為理想的相續關係，作為增產的一種方法：

"凡穀田，綠豆、小豆底為上，麻、黍、胡麻次之，蕪青、大豆為下。——常見瓜底，不減綠豆。"（《種穀》）

"凡黍、穄田，新開荒為上，大豆底為

次，谷底爲下。”（《黍穄》）

所謂某作物“底爲上”，就是以該種作物爲前茬莊稼最爲適宜。而“底爲次”，“底爲下”，則等而下之。賈思勰指出，若不實行換茬，不單產量會降低，還會生病害，草害。如連種大麻，“有點葉夭折之患，不任作布也。”（《種麻》）水稻“既非歲易，草、稗俱生，芟亦不死”。（《水稻》）“穀田必須歲易。——䬈子則莠多而收薄矣”。（《種穀》）所謂“䬈子”，指重茬連種。從《齊民要術》的大量有關記載可以斷定，南北朝時期換茬已成爲中國農業生產中一項極受重視廣泛推行的技術措施。

後世農家沿着《齊民要術》的方向，繼續在換茬上摸索經驗，增添了許多新發現。宋人陳旉總結說：“種蒔之事，各有攸叙。能知時宜，不違先後之序，則相繼以生成，相資以利用。”（《農書·六種之宜篇》）認爲前後作安排的好，可以產生“相資以利用”的效果，這應當成爲農家必知必行之事。在這一方面，明代徐光啟的《農政全書》、鄺璠的《便民圖纂》也總結了許多新的經驗。如徐光啟提倡在農田中抽茬栽種“米赤”（大赤豆），因爲這種作物最能殺草。

中國古代農家將兩種不同的作物放在一起栽種和換茬栽種的作法令人想起《周易》六十四重卦的結

構。每一重卦都由上下二單卦組成，兩個單卦各有自己的名稱屬性，它們通過相互作用結合在一起，就形成了重卦的新的內容。這種將兩個系統結合起來形成一個新系統，使之產生新屬性的思維範式，或許是古代農學家研究不同作物系統相互關係的思想先導之一。

西周末史伯說："夫和實生物，同則不繼。以他平他謂之和，故能豐長而物歸之。若以同裨同，盡乃棄矣。……聲一無聽，物一無文，味一無果，物一不講。"（《國語·鄭語》）"和"是將不同的、有差別和矛盾的事物結合在一起，使之發生一定的作用和關聯。史伯認爲，通過"和"可以產生比原物更豐富、更優良、更富於生命力的新事物，而"以同裨同"，則會退化、枯萎，沒有前途。求"和"棄"同"的思想乃是中國重要的傳統觀念。求"和"在各種實踐活動中則表現爲，尋找和創造不同要素之間的最優關係系統。中國古代音樂、烹調、管理、冶金、煉丹、藥劑的創立和發展，都遵循了這種理論原則。中國農學當然也受到這種思想的影響。

3．用陰陽概括的嘗試

農業的生態環境包括極爲多樣的因素，古代農家對所能觀察到的生態因素，作了不少研究和試驗。隨着生產經驗的積累，頭緒越來越紛繁，逐漸出現了進行理論概括的客觀需要。氣化理論、五行和陰陽學説，這些現成的理論框架農學家們都使用過。他們發現，對於説明生態關係，陰陽學説有較大的適用性。

早在戰國時代，古人就曾在農學理論上引用過陰陽範疇。《呂氏春秋・辯土篇》説："故晦欲廣以平，甽欲小以深；下個陰，上得陽，然後咸生。"晦爲畝之本字。田中壟背爲畝，壟溝爲甽。壟溝小而深，可多積雨水潤澤土地，壟背廣而平，則多受陽光和氣溫養稼苗。《呂氏春秋》稱壟背爲陽，壟溝爲陰，認爲陰與陽的統一成爲莊稼生長的理想環境。

宋代陳旉試圖用氣化和陰陽的理論來説明農作物與天時地宜的關係："萬物因時受氣，因氣發生。""然則順天地時利之宜，識陰陽消長之理，則百穀之成，斯可必矣。"（《農書・天時之宜篇》）所謂陰陽消長之理大致是説，天地之間充塞陰陽二氣。春夏陽氣漸盛，陰氣轉衰；秋冬陰氣漸盛，陽氣轉衰。陰陽二氣的輪替消長，形成四季的循環往復。陳旉認爲，農作物的萌發、生長、開花、結實、死亡這一生命過程，正是受陰陽二氣的推動而形成，與陰陽二氣的消長有着準確的合於規律的對應關係。從空間範圍來說，南北氣候差異的原因亦在於陰陽二氣的作用不同。因此天時地宜中有關氣候季節的因素及其對作物的發育的影響，可以用陰陽的消長來解釋和概括。

試圖用陰陽範疇來總結生態農學基本原理的代表人物，是明代的馬一龍。他著有《農説》一部，力求像中醫學那樣，以陰陽之論貫徹農學始終。他的理論歸納起來，主要包含以下幾個要點：

(1)生態要素可分爲兩大類，一類主生爲陽，一類主成爲陰。

馬一龍說："太虛生物之功，不過日月之代明，四時之錯行，水火相射，五行雜糅，而萬物之爲物也。……驗之物理自然，陽道生，陰道成。"這是繼承了古代關於陰陽具有不同功能的說法，認爲萬事萬物的生成無不仰賴"太虛"之中陰陽這兩種功能的作用。他把這一道理應用於農作物的生長，說："繁植之道，惟欲陽含土中，運而不息；陰乘其外，謹毖而不出。若陽洩於外，而陰實其中，生機轉爲殺機矣。"陽主生，故須蓄陽在土中，以促種子的萌生發育。陰主成、主斂，故應固結於土之上，以阻擋陽氣的外洩。馬一龍將生態要素分成陰陽兩類的作法，對於認識生態要素的屬性與作用有一定的價值。同時也有助於將紛然雜呈的生態環境理成一個綱目分明的系統，便於人們把握。

（2）陰陽兩類生態要素須保持相對平衡。農業技術措施應以求得陰陽生態平衡爲目標。

馬一龍認爲，正如宇宙萬物的生化一樣，陰陽平衡也是農作物茁壯生長的基本條件，所以在爲作物創造良好生態環境之時，須以陰陽平衡作爲努力的目標。比如耕地，他說："啟原宜深，啟隰宜淺。深以接其生氣，淺以就其天陽。"地勢高的田地（"原"）要耕得深些，這樣方能與地下的"生氣"接通。地勢低的田地（"隰"）要耕得淺些，因爲地勢低本來就多陰少陽，若再耕得深，就會使陰重於陽而失去平衡。這裏所謂地下之"生氣"與地上之"天陽"是一種綜合性的模糊的整體概念，包括陽光、溫度、濕度、水分和空氣的流通狀況等等，還可能包括一些目前尚不知道的因素。

依據馬一龍，陰陽平衡受到破壞，莊稼就不可能長好。他說："陽上而不抑，遂以精佚；陰下而不濟，亦難以形堅。"陽主向上生長，但如一味風長，也會使作物身內之陽精散佚而不結果實。陰主向下成斂，雖然沒有起主導作用的陽重要，但如果其力不充，則莊稼的枝體亦不能粗壯堅實。"今有上農土地，饒糞多而力勤，其苗涬然興之矣。其後徒有美穎而無實粟，俗名肥腸。此正不知抑損其過，而精泆者耳。其法何以？斷其浮根，剪其附葉，去田中積污，以燥裂其膚理則抑矣。”這裏所説的“抑損其過”，正是要求將過强的陽性生態要素壓低減弱，以恢復生態關係的陰陽平衡。

（3）一般農作物的發育過程分“化”與“變”兩個階段，這兩個階段對生態環境的要求不同。在耕耙施肥和田間管理上，應考慮不同發育階段的差別。

馬一龍認爲，雖然陰陽互根，“化”“變”相含，但作物在不同發育階段，會顯示出不同的發育特點。他説：“是故含生者陽以陰化，達生者陰以陽變，察陰陽之故，參變、化之機，其知生物之功乎：生則化，成則變。然必成而後有生，陽根陰也；生而後有成，陰根陽也。成者謂之變，脱其本根，易其故體；生者謂之化，融液所畜，暢茂其緒。……故冬至之後，生意皆含；夏至之後，生色皆達。含者化之機，達者變之漸。……一化一變，理不盡顯。”這些話雖然很抽象，其實不過是説，就四時節令的作用而言，從冬至到夏至，以生化爲主；從夏至到冬至，以成變爲主。冬至之後，生機漸顯，促動萬物生發。到夏至爲止，生化之功達其頂點，於是進入成變階段。成變之功，至冬至完成，接着又開始了一個新的循環。一般農作物受四時的影響，大體也分這樣兩個發育階段。生化階段陰助於陽，陽本陰從，表現爲“融液所畜，暢茂其緒”，即萌發、生長、壯大；成變階段陽助於陰，陰本陽從，作物發育所要完成的是“脫其本根，易其故體”，即成熟結實和枯萎。正是因此，馬一龍說：“故聖人推日星，定四時，分節候，而示民以則。”制定曆法，恪守農時，按節氣決定如何措施，也就是根據作物不同發育階段的不同要求，發現和創造最佳的生態關係。須要指出，作物的發育是否應當分爲化與變兩個階段，有待進一步研究，然而主張作物發育分階段，認爲發育階段與天時季候這個大系統的變化有相應關係，作物的不同發育階段有不同的機理和不同的生態要求，這些思想是可取的。

二、在物能循環中求得永新

圜道觀念在農學家們的頭腦中或許佔有更爲重要的位置。因爲農作物和絕大多數生態要素的變化，都呈現爲循環運動的過程。許多對農業有重大影響的生態關係的平衡，也必須通過循環運動方得以實現。元人王禎說：“蓋二十八宿，周天之度，十二辰日月之會，二十四氣之推移，七十二候之遷變，如環之循，如輪之轉。農桑之節，以此占之。”（《農書·授時篇》）在農學史上，天時歷來爲農家所重，日月星辰循環往復，四時節氣周而復始，與此相應，農作物的生長發育也由生到死由死到生。宇宙間的一切生化過程，無不是大大小小的循環。因此中國古代的農學家們十分自然地把提高農業產量的方法與循環運動聯繫起來。把人的因素自覺地投放到作物與生態環境的循環運動之中，期望通過推進和改善各有關因素的循環，達到增產的目的。

1. 用養結合

所謂用養結合，就是對一切農業自然資源的開發利用與保護養育的循環，對於森林、牧草、野獸、飛禽、魚鼈、昆蟲，中國古代的思想家和農學家，向來主張用養結合的方針。孟子早就指出："數罟不入洿池，魚鼈不可勝食也；斧斤以時入山林，材木不可勝用也。"(《孟子·梁惠王上》)"數罟"是網眼細密的魚網。不准數罟入深池，意在使魚種小鼈得以存活。荀子也曾呼籲："脩火憲，養山林藪澤草木魚鱉百索，以時禁發，使國家足用而財物不屈。"(《荀子·王制》)爲實現用養良性循環，幾乎歷代儒家學者都予以高度重視並做出了努力。

2．撂荒—休閑—輪作

原始農業曾經歷過撂荒時代。我們的遠古祖先在一塊新開墾出來的土地上種植作物，一般連續種植到第三年，產量就明顯減少。因此三年之後，不得不另墾他田。而原來的田地就棄置不用，任其荒蕪。由於那時人們已經大體定居，所以經過若干年，會又回到原來開墾過的田地上，重新拓荒耕作起來。最初返回原地耕作，是偶然的，後來發現曾經開墾過的土地，即使荒了，再開墾起來也比較容易，於是返回原地耕作就逐漸成爲必然的了。但此時休與耕的循環是不定期的。一塊塊土地的墾種，也没有規定好的次序。故此時稱撂荒耕作制。這種隨機性的循環撂荒興於新石器時期。

至遲到西周，一種更加進步的實行定期輪換的休閑制代替了撂荒制。輪換周期一般爲二至三年。據《周禮》記載：鄉遂授田，區分出、上、中、下三類田地。上地，實行連種兩年，休閑一年；中地，種一年，休一年；下地，種一年，休二年。每戶農民不論分甚麼等級的地，每年都有一百畝地可耕種，而且其地力大體相當。這就是輪換休閑制。休與耕實行定期輪換，每塊田地耕和休的時間都有定準。經過休閑的土地，由於在一、二年內任雜草叢生，使地力得到恢復。

休閑制無疑比撂荒制先進，但是通過休閑只能使地力恢復到原初水平，而不能再有所提高。並且休閑在時間上是一種浪費。爲了既能避免休閑的浪費，又能避免連作帶來的減產，我們的祖先由雜草與莊稼的輪換，進一步想到以某種作物與一另種或多種不同作物的依次輪換，即在換茬的基礎上形成定型輪作。這樣，既可把休閑地變成爲生產地，同時又把雜亂的無選擇的野草與莊稼的輪換變成爲有選擇有秩序的作物之間的循環。實踐證明，後者的功效超過前者，不僅可使地力得到恢復，而且還可提高。現代土壤科學證明，植物並不單純是土壤肥力的消耗者，土壤也不單純是植物營養的供應庫。通過合理輪作，可以增加土壤的肥沃程度，並使土壤結構得到改善。

輪作制爲中國最早發現，西歐農業發展最早的英國直到十八世紀產業革命時，才開始實行輪作，至少比中國晚了一千七百年。

如果輪作制的發明，曾經受到過哲學思維的啟示，那麼很可能就是五行相生論。同時還有五行配干支，各行輪流當令的理論。用五行相生與農業種植作比類，產生出不同作物輪換種植可以相促進的想法，是很自然的。

3．農業生態系統的物能循環

自覺地建立和擴大農業生態系統的物質能量循環圈，從而長期保持地力不衰，使農業生產得到集約發展，這是中國古代農業的特殊成就。

“地力遞減”、“地力耗竭”的論點像惡魔一般牢固地抓住許多近代西方學者的大腦。不少西方人似對這種由於矛盾雙方相互排斥而走上極端的觀點，常常顯露出特殊的偏好。但是在中國古代，這一類的看法歷來不被大多數人所接受。早在戰國時代，《呂氏春秋·任地篇》就宣佈：“地可使肥，又可使棘。”元代王禎也說：“田有良薄，土有肥磽，……可以度薄田爲良田，化磽土爲肥土也。”（《農書·糞壤篇》）對一切問題，中國民族喜歡持冷靜、樂觀態度，其重要原因之一，就是中國的傳統思維以“圜道”爲特徵，相信世界萬物的運動是周而復始的循環。正像陰和陽可以循環轉化一樣，土地的肥和瘠，也必定能夠彼此過渡。而且，木火土金水循環相生的五行模式，又爲農學家們提供了多種不同物質形態可以循環促進的理論武器，這就爲中國古代農業生態系統的物能循環圈的形成和發展作了思想準備。

連續種植，的確有耗損地力的問題。古代農家除了用整地、輪作以恢復地力之外，還採用了施肥的方法。至遲到西周，已經有了施肥的觀念和措施。《詩經·周頌·良耜》寫道：“其鎛斯趙，以薅荼蓼。荼蓼朽止，黍稷茂止。”荼是旱地的草，蓼是水地的草，農人以鋒利（趙）的鎛薅草，然後將其置於田中，令其朽爛，作爲肥料，促使黍稷茂盛。在先秦諸子的著作中，有不少關於“糞”（肥）的論述，説明那時對於積糞肥已十分重視。

從西漢《氾勝之書》到後魏《齊民要術》，肥料的種類和施肥的方法有了很大發展。圍繞着施肥問題，農業生態系統中人爲地建立起來的物質循環圈有了相當的規模。

宋代以後，隨着農、林、牧、副、漁各項事業的發展，人們的眼界更爲開闊。農業生態系統物能循環圈所涉及的範圍越來越大，循環鏈也更加複雜。農家根據土爲萬物之源，萬物生於土的傳統説法，反過來，又將農林牧副漁生産和消費過程中的各種剩餘物和某些副産品，經過廉價的加工，使其發酵腐熟，作爲肥料重新送回到土中去，以保持並增進地力。

陳旉對於那種認爲地力會衰竭下去的悲觀論點，堅決予以反駁，堅信只要按照正確的方法治理田畝，增施糞肥，地力就可永遠保持不衰，他説：“或謂土敝則草木不長，氣衰則生物不遂，凡田土種三、五年，其力已乏。斯語殆不然也，是未深思也。若能時加新沃之壤，以糞治之，則益精熟肥美，其力當常新壯矣。抑何敝何衰之有？”（《農書·糞田之宜篇》）這種卓越的見解，產生在十二世紀，不能不令人驚嘆。它跨越八百多年，而與今天人類正在建設的現代化生態大農業的觀點，在原則上達到了完全一致。

元明清時代，大大擴充了無機肥料的品種，除以前常用的草木灰、骨灰，還增加了硫磺、砒、黑矾、鹵水等等。同時肥源從陸地擴展到水中，溝塘河泥、洗魚水、蝦螺蚌蛤蠣之灰等都成爲上好的肥料。肥料的製造方法，施肥方式也有重大發展。由於農產品加工工業的發展，許多副產品，如棉餅、麻餅、豆餅、酒糟、糖渣、豆渣、果子油渣等成爲重要肥源。而且人們發現，盡量擴大農副產品的利用方式，增加和延長物能循環圈的鏈條，在經濟上就能獲得更大的效益。如豆餅、棉餅等應當先作家禽和牲畜的飼料，再利用禽畜糞便厩土作爲肥料。

從宋至清，農業生態系統的物能循環有了巨大的擴展，雖然仍主要是土與植物和動物產品的循環，但其中所包含的生產環節是更爲複雜化了，農副產品的種類和利用越來越多樣化了，作爲農業生態系統基本構成的食物鏈延長了。例如太湖地區形成的水陸物質能量的循環模式，久已聞名於世。農民大量種桑，桑葉餵蠶養羊（湖羊），蠶砂、羊矢以及其他農產品加工後的副產品如豆餅、豆渣等撒入池塘，成爲魚的飼料。魚糞落入塘底使塘泥變肥。塘泥挖出後施入桑田和稻田，又成爲桑樹和其他農作物的營養來源。在這種物質能量的循環中，既實現了多目標生產，又保持了土地的肥力。

三、從有限中汲取無限

中國耕地僅佔世界耕地的百分之七，現在卻養育着百分之二十三的世界人口。這種成就的取得當然有多種原因。其中有一條不可忽視的因素，就是中國農業自古就把在有限中創造無限作爲自己的奮鬥目標。

遠在《易經》六十四卦中，已透露出古人欲從有限之中求取無限的思想觀念。代表宇宙過程的六十四卦，不過是由陰陽二爻在六個爻位上變換排列而成。爻的數目有限，但爻與爻卻可結成多種多樣的結構關係，以象徵無限的宇宙。這是從質上看。《莊子·天下篇》記載辯者二十一事，其最後一項曰："一尺之捶，日取其半，萬世不竭。"一尺之木杖，每天做二等分，永遠也分不完。表明從量上看，有限之中也包含着無限。

從有限中求取無限的思想與圜道思想有密切關係，前面已有論述。這種思想對農學發生了深遠的影響。戰國時，李悝爲魏文侯，“作盡地力之教。”要求民衆奮力耕耘，以迫使土地生產出更多的糧食，表達了盡量提高單位面積產量的主張。後來荀子也說：“彼裕民故多餘，裕民則民富，民富則田肥以易，田肥以易則出實百倍。上以法取焉，而下以禮節用之。餘若丘山，不時焚燒，無所臧之。夫君子奚患乎無餘！”這段話闡發了一個重要的農學觀點，即只要盡力使農田肥沃，改進和提高種植技術（“田肥以易”），就可成百倍地增加產量，以至消費不完，倉庫儲滿，剩餘堆積如山而不得不加以焚燒。他所說的“出實百倍”，與李悝“盡地力之教”相一致，不是擴大耕地面積，而是通過提高單位面積產量來達到富裕，表現出對土地與作物潛能以及人的開發能力的極大信心。

爲了在有限的時空範圍内，生產出盡量多和好的農業產品，古代農家主要在以下方面進行了努力：

1．精耕細作

這是提高單位面積產量的最重要的手段之一，也是中國農業的主要傳統。《莊子·則陽篇》借長梧封人之口説：“昔予爲禾，耕而鹵莽之，則其實亦鹵莽而報予；芸而滅裂之，其實亦滅裂而報予。予來年變齊，深其耕而熟耰之，其禾繁以滋，予終年厭飧。”這段話説明了一個道理，即要提高單位面積産量，必須向土地投放盡可能多的勞動。投放的勞動越多，土地的産量就越高。

當然，投放勞動不是盲目的。勤勞必須與合於天時地宜物情的科學法則相結合，才能得到理想的成效。“任情返道，勞而無獲。”（《齊民要術·種穀》）這一點古代農家是完全懂得的。因此，古代所謂“精耕細作”，就是在手工勞動的基礎上，將工本與技術盡量密集，以使地力開發和農業系統的收效達到最優。

2．“盜天地之時利”

盡量提高空間（包括土地、陽光、水塘、空氣等因素）和時間（四時節氣）的利用率，是古代農家增加單位面積産量的又一重要途徑。

戰國時代已懂得複種，即改變一年一作的制度，實行二年三熟或三年四熟，甚至一年兩熟。《呂氏春秋·任地篇》説：“今兹美禾，來兹美麥。”秋天收穫穀子，接着種麥，來夏收完麥子，還可種上一茬夏種秋收的作物，這樣就作到了二年三熟。

宋代陳旉總結說：“在耕稼，盜天地之時利，可不知耶？”（《農書·天時之宜篇》）“種蒔之事，各有攸叙。能知時宜，不違先後之序，則相繼以生成，相資以利用，種無虛日，收無虛月，一歲所資，緜緜相繼，尚何匱乏之足患，凍餒之足憂哉！”（《農書·六種之宜篇》）由於作物的播種與成熟，各守不同的農時，這就在客觀上提供了可能性，使人們能夠依照作物的不同生長時序，將它們分先後接續種植，以致使農田之上無時不存莊稼生長（“種無虛日”）。同時也使得農家有可能月月都有進項（“收無虛月”），便於度日和籌集生產資金，這些都是提高土地複種指數的好處。

除了盡量提高複種指數之外，中國古代農家還發明了間種和套種，開展多種經營，建立起現在所說的“立體農業”。間種套種是在複種基礎上發展起來的。從現有史料看，先秦《呂氏春秋》和《荀子》等，已明確記錄了複種技術，而間種套種則在西漢《氾勝之書》中才得出現。複種的目標是令作物一茬接一茬，中間沒有間隔，使土地和農時永無空閑。但在同一時間同一塊土地上只有一種作物，故可稱作一維種植。古人發現，如果複種搞好了，從整體看，土地和農時都被利用了；然而從局部看，任何一種作物對土地和空間的利用都有一定的範圍，壠與壠之間，株與株之間，地上與地下，高處與矮處仍有許多空間未被充分利用。間種和套種的目的就是爲了佔領和開發這些空間，而套種除兼有間種的意義，同時還是解決複種過程中前後作物在農時上發生矛盾的一種方式。所以在一定意義上，套種可看成是複種的延伸，是通過充分利用空間而把農時伸長。間種和套種都是對空間和農時的多維利用，可以稱作多維種植。

《齊民要術》中也有一些間種套種的例子。如："六月間，可於麻子地間散蕪菁子而鋤之，擬收其根。"（《種麻子》）"葱中亦種胡荽，尋手可食。"（《種葱》）由於蔬菜生長期短，播種時間參差不齊，各有不同的要求和栽種目的，如有的取花、果，有的取葉，有的取根，有的取莖。不同蔬菜品種的高矮，粗細差別也很大，所以最便於間種和套種技術的發揮，如果能將不同的蔬菜巧妙搭配，就可以充分利用空間和地力，還可促進蔬菜的生長。

清代農學家提出，在精耕細作、大量施肥的前提下，通過套種間種可以爭取"一載數收"，從而大大提高單位面積產量和農業生產收入。

古希臘的文明時期從時間上說大約相當於中國的春秋戰國。那時，中國和希臘在科學技術，思維水平上相差不大。但是，在農業技術上，從複種到間種套種，中國要比歐洲早約近二千年。當中國已經實行了複雜的複種輪作、間種套種之時，歐洲遠遠没有進入黑暗的中世紀時期。出現這種差距的重要根源之一，顯然在於思維方式的不同。

首先，中國古代向來喜歡將整體與局部作同形性類比，認爲整體是一個大天地，局部是一個與之有類似結構的小天地，同時整體思維使人們對全局與局部的關係，整體與部分的差異問題十分敏感。因此中國的農學家們較早地發現並開拓了間種套種所利用的那一部分空間。

其次中國古代系統思維善於探究事物之間的關係，認爲諸多關係大體分爲相剋和相生兩大類，在這種思想支配下，古人相信在生長着的作物之間，插縫種上經過選擇的別種作物，它們不僅不會相互排斥，而且可能相互促進。大膽的設想終於導致了成功的實驗。

第三，中國古代先賢善於利用時間與空間可以相互過渡、相互補充的特性，常常將處於多維矛盾中的各種要素，通過巧妙的運籌，使困難得到排解，化不利爲有利。

農學家們提高複種指數是借助延長種植時間而擴大了種植面積；增加間種套種的層次，則又通過提高種植密度，延長了農作時間。他們正是利用時空互補的特性，解決了間種套種多種經營中的許多難題。

第四，傳統的系統思維的訓練，使古代農家善於想像和設計由多種不同要素（土地、農時、作物的各種特性等）構成的系統組合，善於處理和調節那些既相互制約又相互依存的要素關係，使它們在總體上趨向諧調，並達到最優狀態。這些思維方式上的特長，促使中國古代農家在複種間種套種和多種經營方面走在了世界的前列，創造了立體的多維性農業。

3．巧妙經營，少種多收

高效率，以最少的花費而求得最多的收效，這是中國傳統文化的精髓。《周易》卦象，孫子兵法，儒家社會管理，先秦諸子的思維方式和表達方式以及中國藝術創作都强烈地體現出效率精神。《周易》不過六十四卦三百八十四爻，由於具有多方位、多層面、多變化的特點，因而涵蘊了極爲豐富的思想內容，達到了所謂以簡馭繁的目標。孫子提出"兵聞拙速，未睹巧之久"，主張"不戰而屈人之兵"。老子五千言，概括了宇宙古今。中國詩詞繪畫言簡意濃，色淡境深，往往寥寥數筆，卻吞吐世界。這一切充分顯示出中國民族是多麼注重效率。

效率精神當然也體現在農學之中。古代農家總結廣大農民的經驗和他們自己的親身體會，認爲制定農事規劃提高農業效率的重要原則在於“廣種不如狹收”（陳旉）。早在西漢《氾勝之書》中記述的區田法，就非常鮮明地貫穿着少種多收的精神。《齊民要術》卷前《雜說》寫道：“凡人家營田，須量己力，寧可少好，不可多惡。”元代王禎在其《農書》中重申了《齊民要術》的這段話。明末《沈氏農書》說：“老農云：‘三擔也是田，兩擔也是田，石五也是田。多種不如少種好，又省氣力又省田’。作家第一要勤耕多壅，少種多收。”（《運田地法》張履祥在《補農書》中也說：“農事隨鄉，地之利爲博，多種田不如多治地。”（《補農書後》）還有明人王象晉的（《羣芳譜》），認爲“地多不如糞多”，“積地莫如積糞”，“糞田勝如買田”，表達了同樣的觀點。

“少種多收”勝過“廣種薄收”，這是中國傳統農學發現的一條對指導農業生產有重要價值的定律。所謂“少種多收”，本質上也就是農業集約化經營的主張。

所謂“少種”決不是越少越好的意思，而是要“量力而爲之”，即根據所能支配的人力、物力（工具、畜力、肥源）和財力，來確定經營的規模。規模的大小，以“財足以贍，力足以給，優游不迫，可以取必效”，也就是有保證地獲得最大收益爲標準。陳旉提醒人們制定計劃要注意留有餘地，以防各種不測。如果百事只開了個頭，或進行到途中，後面則力不足支了，就不可能有高效率，還把人搞得精疲力竭。綜合考慮主客觀的諸項條件，選擇最優經營規模，這屬於運籌學中分配論或規劃論的範疇。古代農家已經正確地規定了選擇最優規模的基本原則，局限性在於未能進一步提出計算的基本方法。其實“量力而爲”是一條普遍適用的運作原則。一方面，對於所經營的土地和其它項目，一定要能夠從容駕馭，另一方面，現有的生產能力又得到充分合理的利用，這樣才有可能獲得上乘的經濟效益。

爲了增加農業的收穫，有兩種可行的方法，一是擴大種植面積，一是提高單位面積的產量。這兩條途徑，哪一個更好？在兩種方法都做到“財力相稱”的前提下，哪一種方法會獲益更多？換言之，增加同樣的產量，哪一種方法花費更少？古代農家一直在作比較。最後一致認爲，以提高單位面積產量更爲合算。《沈氏農書》以桑田爲例說：“果能一年四壅（壅即施肥），箭泥兩番，深墾刬淨，不荒不蟥，每畝採葉八九十箇，斷然必有；比中地一畝採四五十者，豈非一畝兼二畝之息，而功力、錢糧、地本，仍只一畝？孰若以二畝之壅力，合併於一畝者之事半功倍也！”“多種田不如多治地”的道理正在於，擴大耕地面積，需要添加許多必不可少的基本投資和負擔（“功力、錢糧、地本”），而這些花費在原已耕墾的土地上則是不需要的。少種多收提高了土地、人力和資金的效率，這就是集約化經營的優越性，也是中國傳統農業走精耕細作，多維種植，“以少勝多”這條道路的主要原因。

當然，這兩種增產途徑的比較是相對的，有條件的，決不應把這兩種增產方式絕對對立起來。但是，從長遠發展的觀點看，集約經營無疑比擴大耕地面積具有更大的潛力。從原則上說，土地和作物所蘊涵的增產能力是無限的，當古代農家一般地說“廣種不如狹收”的時候，這個判斷實際上是以地力無限作爲前提的，否則這個判斷就不能成立。

農業生產是一個包括多種要素的複雜系統。古代農家認識到，要搞好農田經營，必須對投入和產出進行精確的計算和分析，貫徹勤儉節約和把資金用在關鍵處之原則。明末撰寫《沈氏農書》的漣川沈氏，在經營上處處注意數量計算，唯有利者方爲之。他的計算有一個重要特點，就是與整個農業生產聯繫起來考慮，做出全面的利弊權衡，不作孤立的核查。他對養豬盈虧的計算，是一個典型的實例。經他計算，養豬的收入抵不上支出，虧損大體與豬身本相當。但是，沈氏仍然大力提倡養豬，認爲“種田養豬，第一要緊”。原因就在於養豬可以積肥，總的算起來，當時比到外邊買肥便宜。所以他引古人云：“養了三年無利豬，富了人家不得知。”

古代農學内容十分豐富，這裏的介紹只不過是滄海一粟。然而通過它們已可看出，中國古代農業在耕種技術和經營管理上都有獨到之處，充分顯示了思維方式和行爲性格上的内向性特點。誠然，中國古代遺留下來的，只是一種與自然經濟相適應的農業手工技術系統，它所建立的生態循環規模很小，其物質和能量轉化的能力没有超出小農經濟所允許的水平，因此有很大的局限性。但同時也必須看到，尋找最佳生態關係，在物質循環中求得永新，從有限中索取無限等這些發展農業的指導原則，將是永存的！

注釋

❶《論語·微子篇》：“長沮、桀溺耦而耕，孔子過之，使子路問津焉。……桀溺……耰而不輟。”

結語：文化基因與中國思維的女性偏向

分子生物學揭開了生物遺傳基因的秘密，弄清了遺傳基因的物質結構及其對生物發育過程的控制機制。但在世界上，不僅生物系統受基因控制，廣及宇宙，次及人類社會和文化系統的變化發展，無不受一定層次、一定種類的"基因"控制。"系統的發育受基因控制"，是一條普遍規律。當然，不同種類、不同水平的系統，其"基因"的內容、結構和控制方式是不同的。然而作爲系統的發育基因，無論生物遺傳基因，還是其他系統的"基因"，它們都具有控制系統性狀，規定發育程序和決定系統全息三大功能。一般説來，系統的水平越高，基因對系統發育的控制水平就越高，基因的控制作用就越明顯。在本書結束的時候，我想從一般的基因理論，談談文化基因和中國思維的總體偏向。

(一)廣義基因論的哲學依據

哲學、管理學、醫學、美學（藝術創作）和農學，是中國傳統文化中最富於創造性和民族特點的五個部類。它們各自有着專門的研究對象和領域，以及不同的學術内容。但只要稍加抽象和概括，就能發現它們極不相同的軀體之間存在着一種幾乎完全相同的控制因素，正是這些因素決定着不同門類的學術、各種思想派別、各種藝術創作和風俗習慣等等幾乎一切民族文化活動的走向、特徵和形態。過去我們習慣於用前人對後人的影響、哲學對其他文化門類的影響來解釋民族文化的這種統一性，這種不同時代的不同學派、不同文化門類之間的相似性和内在聯繫。其實，這種解釋是遠遠不夠的。更確切地説，這種解釋並未觸及文化現象的深層本質。例如《周易》公認是對中國文化發展影響最爲深遠的一部典籍，但是中國文化運動的特徵、走向和規律，實質上並不能用"《周易》的影響"來説明。因爲我們首先會問：《周易》又是如何形成的？爲甚麼《周易》能夠發生如此巨大的影響，而《韓非子》《墨子》等其他典籍卻不能？另外我們還發現，與八卦大體同時形成的五行，淵源不同，理論形態別樹一幟，卻走着與八卦一致的發展道路。從哲學思維方式看，二者有着相同的內在本質，如它們都着眼於世界和萬物的整體、結構、功能、平衡等，而對形質和實體方面則態度淡漠。又如龍作爲遠古時代的圖騰，其形象和觀念有着令人驚異的繼承性和生命力；中國的所謂"農業社會"極爲長久，甚至今天還保留着"農業社會"的許多特點；中國人的平均生活水平很低，勞動條件一般很差，但由於成功的攝生，中國人的平均壽命卻一直居於世界的較前列；中國民族有極强的歷史——時間觀念，保存了世界上罕見的完整的歷史資料……這些完全屬於不同的領域，卻體現了一個共同的特點，即極强的穩定性和延續性。這會是偶然的嗎？它們之間難道沒有內在的聯繫嗎？大量的事實表明，在前人對後人的影響、文化門類之間的相互影響的背後，還有着更爲深刻的動因和決定因素在發生作用，從而規定着民族文化以至整個民族歷史的發展趨勢和形態特徵。這種動因和決定因素就可稱之爲民族的"文化基因"。

爲了説明文化基因，須從更廣的視野做一番分析。

我贊成這樣的觀點，即物質在它的一切變化中，永遠保持同一，它的任何一個屬性都決不會在變化中喪失。就是説，一切物質屬性都是本來就有的，既不會增加，也不會減少。這裏所說的物質屬性，包括一切規律在內。依據這種觀點，實際上在物質和能量之外，就又提出了物質屬性的守恆定律。這一定律是根據宇宙無限性和物質世界的統一性得出的哲學推論。而物質屬性是一切信息內容的根本源泉，因爲信息歸根結底是反映出來的事物屬性，而物質屬性是形成各種事物的具體性質的基礎。具體的事物性質是物質屬性在多種偶然因素作用下形成的多樣性的變體。依照上述觀點，世界上一切具體物質形態或運動形式，都是物質自身潛伏着的屬性的展開。

既然任何一種屬性都決不會喪失，那麼無論何時它們必定以某種形式存在着。它們從潛在到展開的過程，就是同一屬性表現爲不同形式的變換過程，亦即同一信息內容以多種不同的代碼展示和表達出來的過程，其間包含着矛盾的轉化和質的飛躍。但是歸根結底發生變化的只是物質屬性的表現形式，亦即信息的代碼。當屬性潛藏之時，它的表現形式比較單純，不過即使在這時，它的代碼也已携帶着後來充分展開時的全部信息內容。雖然不同系統之間的偶然的或必然的相互作用，可以改變個別具體系統表層所含的信息內容，但是從宇宙總體來看，信息內容的本原既無產生，也無消滅，永恆不變。在物質進化過程中，發展方向無論多麼繁雜，無論發生了多少偶然的變動，由於物質系統演進的步驟和結果已經作爲程序信息寓於其發端的統一體中，並依次把程序信息傳遞給發展過程中的各個中間環節，所以整個物質屬性展開的過程，帶有從"基因型"發展到"表現型"的控制論特徵。

而且，只要承認宇宙的無限性和物質屬性守恆定律是正確的，那麼就可進一步推認，不僅對整體宇宙即物質世界總體說來，它的任何一個屬性永遠不會喪失，而且就物質世界的任何一個空間部分和任何一個時間階段（不管它們多麼小）說來，它們所潛涵的屬性與整個物質世界相比，也是完全相等的，在一切變化中永遠保持同一。否則，物質屬性守恆就不能成立，物質世界將喪失掉它的統一性，物質的相互轉化、相互過渡要受到限制，物質世界將被割裂成許多彼此永遠隔絕的部分。要知道，物質世界的任何變化都是自身潛在屬性的展開，一切經過轉化、過渡而顯示出來的屬性，過去都以隱伏的形式潛存於物質内部。物質決不可能展現出一種它自身並不包藏其屬性的形態。

以上這些哲學上的論證，爲宇宙廣義全息提供了理論依據。現在許多學者已經從現象論的角度注意到，宇宙確實具有廣義全息的特點，而哲學上的論證表明，宇宙全息恰恰是物質統一性的一種必然表現。換句話說，如果我們堅持物質世界的統一性，把這一觀點貫徹到底，就是說，堅持物質屬性不生不滅，堅持物質在原則上可以無限制地相互轉化，那麼就勢必從理論上導出宇宙全息的結論。而承認宇宙全息，也就等於在最廣泛的意義上承認，在物質進化的過程中存在着"宇宙基因"。因爲在物質世界的進化過程中，要實現物質屬性的守恒，保持宇宙全息，那麼物質世界任何一部分的運動變化，就都必須遵守與生物遺傳基因的控制作用本質相同的機制。當然，這裏指的不是生物遺傳基因控制作用的具體形式、具體機制，而是指生物系統或個體發育過程中能夠保證機體全息的深層本質。宇宙基因既潛存於原始物質之中，又保存在各種不同進化層次的物質形態之內，它決定着物質進化的基本程序，各種物質形態的性狀，同時也決定着宇宙全息。宇宙全息和宇宙基因的控制功能，是物質世界的基本屬性。它們與物質世界的無限性、統一性、物質相互轉化的絕對可能性，緊密聯繫在一起。在一定意義上也可以說，正是由於有宇宙基因和宇宙全息的規律，才派生出物質世界的統一性和相互轉化的無限可能性。

宇宙全息和宇宙基因這一物質進化的最一般規

律，又進一步決定了在每一特定的進化領域，存在着自己特殊的基因。系統的發育必然要受自身所屬領域之特殊基因的控制。生物基因和生物全息不過是宇宙基因和宇宙全息的一種局部、具體之表現。二者無疑不能作機械的類比。

(二)文化基因的內涵

人類社會是在高等動物即古代類人猿的前社會生活的基礎上發展起來的，人類社會的發展必然地受一定社會基因的控制。比如，在資本主義社會這個有機整體裏，最簡單、最普通、最基本、最常見、最平凡、碰到過億萬次的關係就是商品交換。商品交換可以看作是這個社會的“細胞”。而在每一個“細胞”即商品交換關係中，包藏着資本主義社會的一切矛盾和決定資本主義系統發育的全部信息，而商品交換正是資本主義社會的歷史起點和邏輯起點。可見資本主義社會是一個受其基因即商品交換所潛涵的矛盾關係控制的全息系統。

文化系統是社會系統中的一個有機組成部分，自然有其自身的特殊基因，可稱爲文化基因。在我看，文化基因就是那些對民族的文化和歷史產生過深遠影響的心理底層結構和思維方式。民族的思維方式是本民族心理底層結構的外在表現，是本民族特殊性的重要標誌。在本民族的發展過程中，它作爲長久地、穩定地、普遍地起作用的思維方法、思維習慣、對待事物的審視趨向和衆所公認的觀點而存在着。

思維方式有極强的滲透性。它體現在一個民族的科學、道德、宗教、藝術、法律、哲學等各個不同的精神現象領域。作爲一種觀念，它貫穿於該民族的政治、經濟、外交、生產以及一切日常生活的實踐之中，並對它們的形態和特質產生重要影響。在這裏所說的思維方式不專屬於哪一個人物，哪一個學派，哪一個階級，哪一個文化領域，而是全民族共有的，普遍地起作用的。

思維方式有極强的繼承性和守常性。它一代一代地被人們承繼下來，使用下去，往往在一個很長的歷史時期中，不爲政治、經濟和科學技術上的巨大變革所動。當然，一個民族的思維方式並非絕對不變，隨着歷史的演進，也會發生相對緩慢的變更。依據其普遍性、持久性和穩定性的程度，可以將思維方式分爲若干高低不同的層次。屬於高層次者，有更爲寬廣的覆蓋面和更爲頑强的保守性。屬於低層次者，如一些被相對普遍接受的觀點、觀念，在一段時間裏雖然具有民族思維方式的特徵，卻比較容易隨着社會變革而發生改變。因此，思維方式可以看作是一個金字塔式的等級結構體。

把思維方式作爲文化基因來研究，有助於更加深刻地把握民族文化的特質、統一性及其變遷的內在聯繫，對於説明民族和世界的歷史發展有重要理論價值。自上個世紀以來，學者們對東方與西方、中國與歐洲的文化和歷史做了許多比較研究，發現它們之間存在着巨大差異。對於人類歷史，過去我們習慣於單純地用社會存在解釋社會意識，用生產力解釋社會存在。但是這種單值決定的線性因果鏈條，難於説明社會系統、文化現象的種種特殊性和複雜變化，特別是不能説明中國與歐洲兩大文明體系的巨大差異。同樣的人類社會，同樣需要衣食住行，都以生產爲生存的基礎，而且中國和歐洲面積大致相當，都是多民族聚居的地區，爲甚麼兩者的歷史和文化出現那樣多的不同？這顯然不能用生產力和生產關係做最後的説明。

生產力確實是社會發展的根本動力，是決定社會形態的重要依據。但這只是就社會發展的某種總的趨勢而言。社會形態發展變化的許多特殊情況和那些更一般的性質，並不爲生產力所決定。同樣，社會存在決定社會意識，這個"決定"也不是絕對的。這種非絕對性不僅表現在精神意識會對客觀存在發生反作用，精神意識能夠創造新的客觀存在，而且表現在只能說精神意識的內容是對客觀存在的反映，至於精神意識的形式、走向和方法，精神意識究竟以何種方式，選擇存在的哪些方面加以反映，卻在很大程度上不爲存在所決定。誠然，客觀存在的發展決定着精神意識的某種趨向，但是不能說，有甚麼樣的客觀存在，就必定有甚麼樣的精神意識，正如不能說，有甚麼樣的生產力就必定有甚麼樣的社會形態一樣。它們之間並非一一對應的單值決定關係。應當看到，在複雜的社會系統中，構成系統各個要素之間的關係呈現交織錯綜的狀態。它們不單純是互爲因果，而且還表現爲一因多果，多因一果，多因多果，在因與果的關係上有多種可能性存在。

在衆多的因果鏈條中找出那些起重要作用者，是必要的，但不能誇大它們的作用，而且應當盡量給予它們以明確的界定，說明它們在甚麼範圍内，甚麼意義上起甚麼樣的決定作用。同時，也決不能抹煞其他因果關係的價值。

事實上，在社會發展過程中，各個民族作爲創造歷史的主體，都依據自己的性格和心理特質，對歷史發揮了選擇和干預作用。其中重要歷史人物在發揮他們左右歷史事變的非凡才能時，思維方式對他們的偏好與行爲無疑將產生重要影響。思維方式是民族性格和心理特質的基本構成之一，是決定人們如何判斷，如何行動的一項重要因素。即便是生產力的發展，思維方式對它也起着相當重要的制約作用。比如中國系統思維大大推動了古代科學技術的進步，促使中國長期居於世界領先地位。但是當近代以分析爲特點的實驗科學興起之後，這種思維方式又妨礙了中國的進步。

那麼文化基因即思維方式是由甚麼決定的呢？民族的社會實踐肯定會對它們的形成和發展產生影響。但是，決定每一民族文化基因結構的始因並不在社會系統的內部，而在社會系統的外部，即民族的生理基礎和民族生存的自然環境。正是自然環境和遺傳因子的差異，使得人類在發軔之初，面對大體相同的實踐活動，卻採取了不同的態度和行爲方式，引伸出不同的認識方法和思維習慣，並進而形成了一些爲本民族公認的觀點、觀念和理論模式。如果我們堅持在社會系統內部尋找民族特殊性的根源，最終只能陷入循環論證。

現代腦科學和體質人類學證明，人的思維方式受其生理基礎首先是腦結構的制約和影響。而不同民族腦結構的差異直接導源於遺傳基因的不同。既然人是由古代類人猿演化而來，人的一切社會生活離不開人的由蛋白質、核酸等物質形式構成的機體，那麼人類社會和人類文化的基因就必然與人類軀體的遺傳基因，與民族生存的自然地理條件，特別是人類早期的自然環境有一定的聯繫。由於思維方式有一定先天的生理基礎，與民族的遺傳基因有關，表現出相對的穩定性和民族普遍性，所以思維方式作爲文化基因有資格成爲説明歷史現象，特別是歷史特徵的一個相對獨立的因素。

無疑，思維方式中還包含着許多後天的成分，包含着社會歷史方面的成因，因而民族的思維方式會隨着歷史的變遷、科學技術的發展、民族之間的融滙而發生變化。儘管先天成分對思維方式的影響永遠存在，然而科學技術越是發達，後天教育對人類生活越是重要，先天成分對思維方式的影響就越會減少或受到壓制。並且，人的生理基礎和遺傳基因也並非絕對不變。因此，研究傳統思維方式還應當包括研究思維方式變化的規律，尋找加速本民族文化基因改進和提高的途徑。

把思維方式和心理底層結構放到文化基因的角度進行研究，即將生物遺傳基因的規律作適當的推廣，能使我們進一步認識思維方式的作用和功能，有助於尋找文化現象的一般性和特殊性。文化基因概念的提出，促使我們以系統的發育的眼光，將文化的發展與生物系統的演進進行比較，並使這種比較的深入展開成爲可能。通過這種比較，會對揭示文化現象的深層規律起推動作用。當然，這決不意味着主張將生物基因的規律和行爲方式生搬硬套到文化現象中來。

(三)中國思維的總體特徵

綜觀中國傳統的哲學、管理學、醫學、美學和農學，作爲中國文化基因的中國傳統思維方式，其重要組成可歸納爲以下十個方面：

1．較早的主體意識和濃厚的情感因素；

2．重關係（包括人際關係）超過實體；

3．重功能動態超過形質；

4．重視整體，重視整體與局部的關係；

5．認爲整體運動是一個圓圈；

6．重視形象思維，善於將形象思維與抽象思維融滙貫通；

7．强於綜合而弱於分析；

8．重視平衡均勢，强調和諧統一；

9．重視時間因素超過空間因素；

10．長於直覺思維和內心體驗，弱於抽象形式的邏輯推理。

正是這十個基本方面根據不同領域的特殊需要，經過引伸、“變奏”、具體化，從而形成各個文化門類自己的發展趨向，生長出自己特殊的範疇。在中國傳統哲學和其他學術領域產生過重大影響的太極八卦、陰陽五行、氣道形神、天人合一、中和生化等理論，都是這些基本方面的直接體現。

在美學領域，文學藝術的表現性特徵，促成了便於抒發主體情感的詩、詞、曲、文、賦、書的異常發達，而重於描寫再現的小說則比較薄弱。還有，代表中國美學特色的"氣韻"、"傳神"、"意境"、"意象"、"風骨"、"虛實"、"性靈"等範疇，都可以說是上述十個基本方面的派生物。中國傳統醫學不重解剖，强調整體臨床觀察，倡導辨證（象）論治，重視人體生命的時間節律，着意考究人體表裏内外的功能結構聯繫。中國傳統農學重點研察作物與作物、作物與其他生活環境的生態關係，十分强調農時，較少注意作物的性狀特徵，對於植物的解剖生理則更少察問。古代農家較早地形成了農業生態系統物質能量循環的理論，提出了少種多收，從有限之中尋求無限的思想。中國古代管理學（主要是儒家）主張義重於利，理重於器，以設法協調等級關係爲本，很早就認識到信息準確通暢和反饋調節對於維繫社會穩態的重要。中國哲學把世界萬物看作有生命的，充滿情感和韻律的整體，把人生道德置於重要的研究地位，認爲和諧平靜是萬物之根。在認識論上着重形象思維和直覺體驗。所有這些中國文化門類的特徵，無不是在上述基因的控制之下所形成。從思維方式的角度看，任何一個文化門類都反映着中國文化整體的特徵和概貌，各個文化門類的每一局部，也都顯現出該文化門類整體的特色。這正是中國文化系統的全息表現。

在這裏有一點特別引起我們的興趣，就是中國傳統思維方式上述十個基本方面，並不是各自孤立、雜亂無章的，它們之間有着深刻的內在必然聯繫，甚至在一定意義和一定條件下，能夠從其中的任何一點推導出其他的幾點。比如整體觀必然導致重視功能動態，重視結構關係，偏向綜合。强調整體的意義，又必然引出重視平衡統一的觀點。又如强烈的主體意識和對人生的關注，增强了對時間因素的理解和珍視。再如，形象思維常常和整體認識相關聯，一切形象的表現都帶有整體的特徵，而直覺思維也往往要以整體的直觀把握爲前提。在形象思維中又常常滲透着直覺的體驗。還有，空間能力上的相對薄弱，與喜重形象思維和疏於抽象的形式推理又有着某種孿生關係。這些正是思維科學和心理學家們潛心研討的問題。

中國文化基因的上述十個方面是一個統一整

體，有着一致的偏向，這一點還可以從下面的材料得到説明。

根據心理學家實驗觀察和統計，女孩較男孩主體意識成熟得早。女孩一般在幼兒時即開始細緻地注意到她們與周圍人的關係問題，並設法將它們調整好，而男孩在這方面要遲鈍得多。所以中小學老師往往對女生有更多的好感。對於人際關係，成年女性一般也比男性敏感。相對而言，女性感情豐富，語言能力和記憶力（時間意識）較强，而男性有更優越的空間意識和數字推演能力。例如，以二維圖象爲依據想象三維客體的測試，男性得分一般高於女性。

在對待客觀事物上，女孩慣於整體觀察，而男孩則善於分析。如女孩總是將自己的玩具和用品（包括儀器、機器）保存得很完好，而男孩卻常常有意識地將它們拆卸開，要把"裏面"看個究竟。心理學家做過一些測試，證明女性遇到問題傾向於作整體思考，而男性傾向於將有關事物分解劃開，進行個別分析。因此，作爲認知類型，有些心理學家認爲，一般女性屬於"場域依賴型"，男性屬於"場域獨立型"。❶前者在認知時從整體環境出發，後者的思考則不依賴於對事物整體環境的觀察。

女性一般喜歡形象思維，善於將形象思維和抽象思維協調起來。史前時期精美的陶器和編織物，可能正是遠古婦女藝術才華的顯現。歷史上在男尊女卑的社會環境下，還有許多女作家、女藝術家、女音樂家彪炳於世，爲人類的審美活動留下了寶貴的精神財富。這充分證明了女性有藝術和形象思維方面先天的雄强基礎。對於外部世界，男性常抱對立態度，女性多持融合精神。女性善於利用直覺和體驗去剖判對象，卻相對疏於嚴格的抽象形式的邏輯推理，性格多偏於陰柔、涵蓄、内向，愛好平和安靜；而男性則常常與之相反，一般抽象思維優於女性，形象思維和直覺體驗卻不如女性。陽剛外向性格居多，比女性好動，更喜爭强鬥勝。實驗統計表明，男孩的攻擊性高於女孩，而女孩在友善行爲方面則强於男孩。

總之，男女兩性在接收、選擇和加工信息的方式上，在對待外界事物刺激的反應上，存在着不可忽視的差異。

令人驚異的是，將男女性別在心理性格和思維方式上的差異與中國文化基因特點相對照，人們就可發現，中國傳統文化作爲一個整體，有着明顯的陰性偏向。請看，中國文化基因的那十個方面，幾乎都能與女性的思維和心理特徵相應合，與之發生直接或間接的聯繫。不是麼？當然，這決不能理解爲認定中國的男人變成了女人，決不意味着否定中國還有陽剛乾雄。依據陰陽理論，陰中有陽，陽中有陰。陰陽之中還可再分陰陽，陰陽之上也還有更高層次的陰陽。陰陽是相對的概念。所以，男人女人是就人類的個體而言，陰性或陽性的文化偏向，是就民族羣體而言。而我的意思僅僅在於，通過上面的比較，判定中國文化在總的趨勢上有陰性特徵。至於如何說明其根源和爲甚麼，那還須要進一步研究。這裏只是指出這一難於否定的客觀現象。

爲此，還可舉出另外一些有關的材料，證明上面的論點。

如中國歷法爲陰陽合曆，而以陰曆爲基礎。夏曆或曰農曆，以月亮的朔望定“月”，十二個月爲一年。這樣的年與太陽的回歸年相差約十一天，故規定十九年而七閏，以調整陰曆和陽曆的差距。公曆或曰西曆的“月”則與月亮的圓缺沒有關係，公曆的年直接由太陽回歸年而定。若從陰陽的角度劃分，太陽光强炎熱爲陽，月亮光柔寒涼爲陰。中國曆法以月亮朔望定“月”，又以十二個朔望定爲一年，表現了以陰爲主的品格。

又如，古人爲確定季節，常常依靠觀察朝或夕天空出現的星象來定，即以一定的星象作爲確定季節的標準。這種用來定季節的星象稱“辰”。中西古代用以觀象授時的星辰不同。中國古代雖然也利用晨星授時，但以昏星爲標準者居多。而西方則可以説完全依靠晨星。❷以中國古代“月曆”《夏小正》爲例，内中記載以昏星授時計十一處，以晨星授時有七處。今本《鶡冠子》寫道：“斗柄指東，天下皆春；斗柄指南，天下皆夏；斗柄指西，天下皆秋；斗柄指北，天下皆冬。”這裏所説的斗柄（北斗星之杓把）指向，是指初昏之時所見。晨爲陽，昏爲陰。中國古人觀象授時以昏星爲主，也是陰性偏向的表現。

再如，儒家强調宗法，重視家族血緣親疏，在中國影響極大。這種思想在中國政治、經濟、文化各個方面，曾經長期起主導作用。而從本質上説，這是女性心理特點的表現。中國的策略向來偏重“以柔克剛”，“後發制人”，“將欲取之，必先與之”。孫子兵法的突出之點在於，發揚智慧，以弱勝强。中國哲學、倫理學、養生學等多以“靜”爲根，以“守靜”、“入靜”爲修煉手段和追求的目標。中國古代的人生論、審美論、認知論，無論儒家道家，都主張主體與客體渾一交融，身與物化，這也與女性往往易於將自我融滙於整體環境之中的心理特點相一致。在中國古代文學藝術創作中，陰柔之美多於陽剛之美。講求内蘊含蓄，以神統形，以虛領實。中國文學以詩詞取勝。詩詞中細膩抒情、柔曲回腸者居多，豪邁雄强、恢宏放達者則少。中國古典樂曲也多爲幽軟婉轉之音，缺少剛勁昂揚之調。中國園林建築則曲線柔媚之美有餘，磅礴雄渾之氣不足。等等。

中國文化具有陰性特徵，這是一個事實。而且我相信，一定還可以找到更多的材料，繼續加深證明這一判斷。認識到這一點，對進一步探察中國各不同文化門類的聯繫，深入理解中國文化在世界上的地位和特點，尋找中國文化的前進道路，以至研究整個中國歷史的特殊進程，都會提供一個新的角度。

地球是一個整體。人類文明的發生和發展也是一個整體。代表東方文明的中國文化和歐洲西方文化，它們的每一項特徵幾乎都表現爲對立互補，相反相成，演成均衡對稱的綺麗格局。東方與西方這種嚴整奇妙的對稱，不是偶然的，一定與地球自然生態環境的某種對稱性有關。

心理學和思維科學用大量事實證明，男性與女性的平均智慧和社會活動潛能決沒有高低之分，而是各有所長，各有所短。同樣，從東西方文化的比較來看，指出中國文化的陰性偏向，決不包含任何一點輕此重彼的意味。恰恰相反，正是由此可以進一步以更爲可靠更爲堅實的理由證明，東西方文化，確乎是，也只能是互補並協的關係。任何籠統地從總體上抬高或貶低一方的作法，都是違背歷史真實的，充其量不過截取了歷史的某一小段落，或人類社會生活中的某一構成片斷而已。

注釋

❶參見〔美〕珍尼特·希伯雷等著《婦女心理學》，雲南人民出版社1986年版，第158-159頁。

❷參見陳遵嬀著《中國天文學史》第一册，上海人民出版社1980年版，第30-31頁。